Weihnachten
DAS BACKBUCH

Festliche Rezepte für
die schönste Zeit im Jahr

PATRICK ROSENTHAL

riva

Inhalt

Vorwort

It's christmas time ... und jedes Jahr aufs Neue beginnen viele damit, in der Adventszeit die Keksdosen zu füllen, Menschen mit selbst gemachten Leckereien zu beschenken und sich viel zu viele Gedanken darüber zu machen, welcher Kuchen oder welches Desserts an den Adventssonntagen und Weihnachtsfeiertagen auf dem Tisch stehen soll. Schließlich soll es etwas ganz Besonderes sein.

Ich liebe diese Zeit, denn ich habe mir abgewöhnt, hektisch durch die Läden zu laufen und unbedingt das größte Festmahl auf den Tisch bringen zu wollen. Ich nehme mir lieber die Zeit zum Genießen. In keiner anderen Jahreszeit liegen so viele großartige Gerüche in der Luft. Für mich eine Art Aromatherapie de luxe.

In fast jeder Küche riecht es nach frisch gebackenen Keksen und Kuchen, der Duft von gebrannten Mandeln und fruchtigem Glühwein durchzieht die Räume. Ich verrate dir in diesem Buch das Rezept für mein Lieblings-Weihnachtsbrot, schnell gemachte Zimt-Cruffins, ein paar köstliche Desserts, und viele andere Leckereien und Klassiker sind natürlich auch dabei.

Eines ist auf jeden Fall sicher: Jetzt ist die Zeit, es sich gut gehen zu lassen. Also egal, ob mit Glühwein oder heißer Schokolade mit Sahne in der Hand, setz dich hin, stell Weihnachtsmusik an, zünde eine Duftkerze an und lass dich von den wunderbaren Rezepten in diesem Buch inspirieren.

Und wer gar nicht genug bekommen kann, dem empfehle ich gerne mein Buch *Christmas is a feeling* mit Rezepten und Geschichten aus aller Welt.

Weihnachtliche Grüße

Patrick

Patricks Tipps und Tricks für die perfekte Weihnachtsbäckerei

KEKSE

- Alle Zutaten sollten Zimmertemperatur haben, so lassen sie sich leichter zu einem glatten Teig verkneten.

- Fertigen Teig zu einer Kugel formen, vor der Weiterverarbeitung in Frischhaltefolie wickeln und 1 Stunde ruhen lassen (am besten an einem kühlen Ort).

- Mehl und Puderzucker vor der Verarbeitung immer sieben.

- Wer an einem Tag richtig viel backen will, der sollte sich auf jeden Fall einige Backbleche zulegen, denn das Backblech muss immer kalt sein, damit der rohe Keksteig nicht gleich zerläuft.

- Teig am besten zwischen 2 Lagen Backpapier ausrollen. Die meisten verwenden zu viel Mehl beim Ausrollen der Kekse, das verändert die Struktur und den Geschmack der Kekse meines Erachtens zu sehr.

- Keksausstecher zwischendurch immer wieder mit Mehl bestäuben. So lassen sich die Kekse problemlos ausstechen.

- Wer einen großen Kühlschrank hat, dem empfehle ich, das Backblech samt ausgestochener Kekse vor dem Backen 30 Minuten in den Kühlschrank zu geben. Das verhindert, dass die Kekse zu sehr auseinanderlaufen.

- Glasuren immer nur langsam erwärmen, da sie sonst schnell verbrennen.
  Schokolade am besten über einem Wasserbad schmelzen und darauf achten, dass die Temperatur 45 °C (bei weißer Schokolade 40 °C) nicht übersteigt.
  Vor dem weiteren Verarbeiten die Schokolade etwas abkühlen lassen.
  Schokolade darf beim Schmelzen nicht mit Wasser in Berührung kommen, sonst klumpt sie.

* Keksdosen sind perfekt für die Aufbewahrung. Kekse in einzelnen Schichten hineingeben und am besten Butterbrotpapier dazwischenlegen.

* In der Regel backe ich meine Kekse auf der mittleren Schiene im Backofen. Grundsätzlich solltest du maximal 2 Bleche mit Keksen gleichzeitig in den Ofen schieben und dabei das obere Blech gut im Auge behalten.

* Ich nehme die Kekse gleich nach dem Backen vom Backblech und lege sie auf ein Kuchengitter, da das Backblech noch sehr heiß ist und die Kekse so von unten verbrennen können.

KEINE ANGST VOR HEFETEIG

* Nur keine Eile, Hefe braucht Zeit.
  Hefeteig sollte mindestens 10 Minuten durchgeknetet werden. Er dankt das mit einer perfekten Konsistenz.

* Hefeteig unbedingt 1 Stunde gehen lassen. Das kennt man. Aber auch nicht länger bitte, denn sonst kann es passieren, dass er wieder zusammenfällt.

* Hefe immer nur in lauwarmen Flüssigkeiten verarbeiten. Ab 40 °C stirbt sie ab. Bei 38 °C kommt sie so richtig in Fahrt.

* Bei frischer Hefe unbedingt auf das Ablaufdatum achten, denn Hefebakterien überleben nur ca. 2 Wochen. Frische Hefe kann man auch perfekt einfrieren, einfach 30 Minuten vor Verwendung aus dem Tiefkühlfach nehmen.

* Viel hilft viel ... in diesem Fall nicht. Zu viel Hefe sorgt dafür, dass der Teig zusammenfällt.

BACKE, BACKE KUCHEN

* Alle Zutaten 1 Stunde vor Verwendung aus dem Kühlschrank nehmen, denn eine gleichmäßige Temperatur der Zutaten ist wichtig. Eier aus dem Kühlschrank am besten für 5 Minuten in warmes Wasser legen.

* Butter cremig rühren oder aufschlagen bedeutet, dass sie richtig schneeweiß geschlagen werden soll.

* Eier immer nach und nach unterrühren (pro Ei 30 Sekunden), das macht den Teig schön locker.

* Unbedingt die Stäbchenprobe machen! Jeder Backofen ist anders, daher nach Ablauf der angegebenen Backzeit mit einem Holzsspieß in den Kuchen stechen, um zu testen, ob er durch ist. Bleibt Teig daran haften, ist der Kuchen noch nicht durch.
  Mürbeteig für Kuchenböden vor dem Backen mehrmals mit einer Gabel einstechen.

* Bevor du mit der Verarbeitung anfängst, solltest du alle Zutaten abwiegen und bereitlegen. Denn ein Biskuitteig zum Beispiel hat wenig Geduld und will sofort in den Ofen, nachdem die Eier untergehoben wurden, sonst geht er nicht so schön auf im Ofen.

* Unterheben bedeutet nicht unterrühren, und das aus gutem Grund. Wenn bei einem Rezept Mehl und/oder Speisestärke (Sie-

ben nicht vergessen!) untergehoben werden, dann am besten mit einem Teigschaber arbeiten, bis sich die Zutaten vermengt haben. Rühren würde die Luft aus dem Teig nehmen.

- Ich bepinsle die Knethaken des Rührgeräts mit ein wenig Öl, so bleibt der Teig nicht daran kleben.

KREUZ UND QUER

- Kandierte Früchte hacken? Das Messer am besten mit Mehl bestäuben, dann bleiben die Früchte nicht daran hängen.

- Backformen mit Margarine oder Butter einfetten und 10 Minuten in den Kühlschrank stellen. So saugt der Teig das Fett nicht sofort auf.

- Etwas Speisestärke durch Vanillepuddingpulver zum Kochen ersetzen, das gibt einen feinen Vanillegeschmack.

- Teig mit Backpulver nicht zu lange stehen lassen und am besten sofort backen, sonst verliert er an Backkraft.

- Rezepte mit gemahlenen Nüssen oder Mandeln? Die Nüsse oder Mandeln am besten selbst mahlen, das Aroma ist dann viel intensiver als bei bereits gemahlen gekauften Nüssen oder Mandeln.

- Nach meiner Erfahrung lassen sich Buchweizenmehl, Süßkartoffelmehl, Hanfmehl, Maismehl, Vollkornmehl, Dinkelmehl, Roggenmehl und Weizenmehl untereinander 1 : 1 austauschen.
  Bei der Verwendung von Kürbiskernmehl, Kastanien- oder Mandelmehl nimmst du 50 Prozent mehr als angegeben.

- Wer Eier ersetzen will, kann Chiasamen nehmen. Dazu pro Ei 1 TL Chiasamen mit 3 TL kaltem Wasser vermengen und 10 Minuten quellen lassen. Aber auch eine halbe Banane oder 75 g Apfelmus sind ein guter Ersatz.

- Ich experimentiere immer mal wieder mit dem Zuckerersatzstoff Erythrit. Erythrit hat etwa 70 Prozent der Süßkraft von Zucker. Meist nehme ich dann für ein Rezept »normalen« Haushaltszucker und Erythrit und ersetze den normalem Zucker zur Hälfte mit dem Zuckeraustauschstoff. Erythrit wird im Körper nicht verstoffwechselt und hat so keinen Einfluss auf den Blutzucker- und Insulinspiegel.

Das gemeinsame Keksebacken ist mittlerweile in vielen Familien zu einer richtigen Familientradition geworden. Nicht nur der Duft, der aus dem Backofen strömt, verwandelt das Haus in Minuten in eine gemütliche Weihnachtsoase, sondern auch das bunte Treiben in der Küche.

Egal ob mit Oma und Opa, den Eltern, Geschwistern oder Freunden, zusammen den Teig ausrollen, Plätzchen ausstechen und dekorieren macht einfach unglaublich viel Spaß.

Festliche

PLÄTZCHEN-KREATIONEN

Lebkuchenkekse

Seien wir mal ehrlich: Ohne Lebkuchenkekse ist die Keksdose nur halb so schön, oder? Bei mir gibt es nicht nur Lebkuchenmännchen, sondern viele andere Motive. Französische Bulldoggen, Esel oder Kamele – auf die Keksausstecher bin ich besonders stolz … Und der Teig wird mit gemahlenem Kaffee etwas verfeinert, das gibt den Keksen einen extra karamelligen Geschmack.

ZUTATEN FÜR 50 STÜCK

- 250 g Honig
- 125 g brauner Zucker
- 80 g Butter, Zimmertemperatur
- 500 g Mehl
- 2 TL Lebkuchengewürz
- 1 EL fein gemahlene Kaffeebohnen
- 2 EL Wasser
- 1 EL Pottasche
- 1 Ei

1. Honig und braunen Zucker in eine hitzebeständige Schüssel geben und im heißen Wasserbad unter Rühren erhitzen, bis sich der Zucker vollständig aufgelöst hat.
2. Butter unterrühren und Masse abkühlen lassen.
3. Mehl, Lebkuchengewürz und Kaffee in einer Schüssel vermengen. Mehlmischung mit dem Handmixer unter die Honigmischung rühren.
4. Wasser in eine Tasse geben und Pottasche darin auflösen. Zum Teig gießen und unterrühren.
5. Das Ei einarbeiten. Teig abgedeckt im Kühlschrank über Nacht ruhen lassen.
6. Am nächsten Tag Backofen auf 200 °C Ober-/Unterhitze vorheizen.
7. Teig noch einmal durchkneten und zwischen 2 Lagen Backpapier ausrollen. Mit Keksausstechern beliebige Figuren ausstechen. Auf ein mit Backpapier ausgelegtes Backblech legen und 6–10 Minuten im Ofen backen. Herausnehmen und auf einem Kuchengitter auskühlen lassen.
8. Kekse nach Lust und Laune mit Glasur aus Puderzucker und Wasser verzieren.

Kleine Kokos-Weihnachtsbäumchen

Außen knusprig, innen fluffig. Die klassische Kokosmakrone bekommt ein neues Gewand in Form eines Weihnachtsbäumchens. Außerdem gebe ich noch gehackte Cranberrys in den Teig.

ZUTATEN FÜR 10 STÜCK

60 g getrocknete Cranberrys

2 Eiweiß

1 TL Vanilleextrakt

150 g Zucker

190 g Kokosraspel

5 EL Puderzucker

1. Backofen auf 160 °C Ober-/Unterhitze vorheizen. Ein Backblech mit Backpapier auslegen.
2. Cranberrys grob hacken.
3. Eiweiß in eine Schüssel geben und mit dem Handmixer steif schlagen. Vanilleextrakt und Zucker dabei langsam einrühren, bis sich der Zucker aufgelöst hat.
4. Kokosraspel und Cranberrys unterheben.
5. Mit einem Löffel 10 Eiweißberge auf das Backblech setzen und mit den Fingern daraus kleine Tannenbäume formen.
6. Kekse im Ofen 25–30 Minuten backen, dabei nach 15 Minuten den Ofen auf 120 °C herunterschalten.
7. Herausnehmen und auf einem Kuchengitter auskühlen lassen. Dann mit Puderzucker bestäuben.

Marzipanwölkchen

ZUTATEN FÜR CA. 48 STÜCK

- 200 g Marzipan-rohmasse
- 5 Eigelb
- ½ TL Vanilleextrakt
- 1 Prise Salz
- 2 TL Amaretto
- 250 g Butter, Zimmertemperatur
- 400 g Mehl
- 100 g Puderzucker plus mehr zum Bestäuben

1. Den Backofen auf 175 °C Ober-/Unterhitze vorheizen.
2. Marzipanrohmasse, Eigelb, Vanille, Salz, Amaretto und Butter in ein hohes Gefäß geben und mit dem Stabmixer zu einer glatten Masse pürieren.
3. Marzipanmasse in eine Schüssel umfüllen und mithilfe des Handmixers mit Mehl und Puderzucker verkneten.
4. Teig in Frischhaltefolie wickeln und mindestens 1 Stunde kalt stellen.
5. Teig danach in 4 Portionen teilen und diese zu langen, 3 cm dicken Strängen rollen. Jeden Strang in Stücke schneiden und diese auf ein mit Backpapier ausgelegtes Backblech legen.
6. Wölkchen im Ofen in 15 Minuten goldbraun backen und noch warm mit Puderzucker bestreuen.

Helgas Dukatenplätzchen

Diese Dukaten stammen aus dem Vorland des Vogelsberges, aus Harmerz. Von Helga Schwendner, die es sich seit Jahrzehnten nicht nehmen lässt, diese leckeren Plätzchen zu Weihnachten zu backen. Ich habe mich sehr gefreut, dass sie ihr Rezept mit uns teilt.

ZUTATEN FÜR CA. 25 STÜCK

Für den Teig

250 g Mehl plus mehr für die Arbeitsfläche

1 TL Backpulver

75 g Zucker

1 Pck. Vanillezucker

1 Ei

1 EL Milch

125 g Butter

Für die Füllung

125 g Kokosfett

65 g Puderzucker

1 Pck. Vanillezucker

25 g Backkakao

5 Tropfen Rumaroma

1 Ei

1. Mehl und Backpulver in einer Schüssel vermengen.
2. Zucker, Vanillezucker, Ei und Milch zugeben und mit dem Handmixer verrühren. Butter würfeln, zugeben und unterkneten, bis ein glatter Teig entsteht. 30 Minuten in den Kühlschrank stellen.
3. Backofen auf 170 °C Ober-/Unterhitze vorheizen und ein Backblech mit Backpapier auslegen.
4. Den Teig auf der bemehlten Arbeitsfläche dünn ausrollen und mit einem runden Keksausstecher Plätzchen ausstechen.
5. Plätzchen auf das Backblech legen und auf der obersten Schiene im Ofen 8–10 Minuten backen. Herausnehmen und auskühlen lassen.
6. Für die Füllung das Kokosfett in einem Topf zerlassen und lauwarm abkühlen lassen.
7. Puderzucker, Vanillezucker, Kakao und Rumaroma in eine Schüssel geben und nach und nach mit dem Ei und dem lauwarmen Kokosfett verrühren. Füllung kalt stellen bis sie etwas fester geworden ist.

TIPP

Früher hat man den Guss wie unten beschrieben gemacht. Heute würde ich entweder fertige Kuchenglasur nehmen oder die Plätzchen zur Hälfte in geschmolzene Schokolade tunken.

Für den Guss

1 EL Backkakao

50 g Puderzucker

1 EL geschmolzene Butter

1–2 EL heißes Wasser

8. Die Hälfte der Plätzchen auf der Unterseite mit der Füllung bestreichen. Füllung etwas antrocknen lassen, sodass man jeweils ein zweites Plätzchen mit der Unterseite darauflegen kann, ohne das sich die beiden Plätzchen verschieben. Kalt stellen.
9. Für den Guss Kakao, Puderzucker, Butter und Wasser in einer kleinen Schüssel zu einer dickflüssigen Glasur verrühren und die Plätzchen zur Hälfte darin eintauchen. Guss trocknen lassen.

Marys Schokoladenschnitten

Man könnte die Schokoladenrauten auch Bimbacher taufen, denn keine andere als »Mary« Maria Winski aus dem beschaulichen Bimbach schichtet die Oblaten so genau zusammen, dass am Ende perfekte, gleichmäßige Rauten entstehen.

ZUTATEN FÜR CA. 40 STÜCK

250 g Vollmilch- oder Zartbitterschokolade

250 g Kokosfett

250 g Zucker

½ Pck. Vanillezucker

4 Eier

12 viereckige Backoblaten (ca. 12 x 20 cm)

1. Schokolade grob zerkleinern, mit dem Kokosfett in einen Topf geben und langsam schmelzen. Dann Topf vom Herd nehmen und Masse etwas abkühlen lassen.
2. Zucker und Vanillezucker unterrühren und Masse 3 Minuten mit dem Handmixer schaumig aufschlagen.
3. Eier nach und nach einarbeiten.
4. Masse möglichst gleichmäßig auf die Oblaten streichen. Jeweils 6 bestrichene Oblaten aufeinanderschichten. Die Stapel 2–3 Tage im Kühlschrank kalt stellen. Danach mit einem Lineal und einem sehr scharfen Messer in Rauten schneiden.

Weihnachtsplätzchen aus Sieblos

Erinnerungen. Ich kann euch gar nicht sagen, wie schlimm es für mich ist, dass ich das Rezept des für mich weltbesten Spritzgebäcks meiner Mama nie aufgeschrieben habe. Ich hätte es voller Stolz hier präsentieren können. Und jedes Jahr zu Weihnachten vermisse ich es aufs Neue.

Umso schöner finde ich es, dass ich noch 3 tolle Rezepte von Anneliese Schreiner aus Sieblos, Poppenhausen, bekommen habe (hey, es gibt doch nichts Schöneres, als in einem Buch verewigt zu werden, oder?), die Tochter Silvia besorgt hatte.

Und so stand ich an einem Sonntag mitten im Hochsommer in meiner Küche und backte zusammen mit Annelieses Enkelin Ayana und ihrem Vater Weihnachtskekse aus Sieblos.

Weihnachtsgefühl!

Heidesand

ZUTATEN FÜR CA. 100 STÜCK

- 275 g Butter, Zimmertemperatur
- 250 g feiner Zucker
- 1 Pck. Vanillezucker
- 2 El Milch
- 375 g Mehl
- 1 TL Backpulver

1. Butter langsam in einem Topf schmelzen lassen, leicht bräunen, dann kalt stellen.
2. Butter schaumig rühren und nach und nach den Zucker, Vanillezucker und Milch unterrühren. Masse so lange rühren, bis sie weißschaumig wird. Mehl und Backpulver vermengen und $^{2}/_{3}$ des Mehls unter die Buttermasse rühren. Rest des Mehls mit dem entstandenen Teigbrei zu einem glatten Teig kneten.
3. Teig zu einer 3 cm dicken Rolle formen und im Kühlschrank fest werden lassen. Backofen auf 180 °C Ober-/Unterhitze vorheizen. Aus der Teigrolle $^{1}/_{2}$ cm dicke Scheiben schneiden und im Ofen 10–15 Minuten backen.

Nougatstangen

ZUTATEN FÜR CA. 30 STÜCK

225 g Margarine, Zimmertemperatur

100 g Puderzucker

1 Pck. Vanillezucker

3 Eigelb

2 Msp. gemahlener Zimt

200 g Mehl

40 g Backkakao

1 TL Backpulver

125 g gemahlene Haselnusskerne

100 g Nougatmasse

150 g Zartbitterschokolade

30 g Pflanzenfett (zum Beispiel Biskin)

1. Backofen auf 180 °C Ober-/Unterhitze vorheizen.
2. Margarine schaumig schlagen, Puderzucker, Vanillezucker. Eigelb und Zimt nach und nach zugeben und unterrühren.
3. Mehl, Kakaopulver und Backpulver vermengen und esslöffelweise unter die Margarinen-Mischung rühren. Haselnusskerne unter die Masse heben.
4. Die Masse in einen Spritzbeutel mit großer gezackter Tülle geben und 4 cm lange Stangen auf ein mit Backpapier ausgelegtem Backblech spitzem. Im Ofen 7–10 Minuten backen. Plätzchen auskühlen lassen.
5. Nougatmasse in einem kleinen Topf bei schwacher Hitze zu einer geschmeidigen Masse verrühren. Die Hälfte der Plätzchen auf der Unterseite mit Nougatmasse bestreichen, die übrigen darauflegen und andrücken.
6. Die Zartbitterschokolade grob hacken und mit dem Biskin in einem kleinen Topf bei schwacher Hitze verrühren. Plätzchenstangen mit den Stangenenden in die Schokolade tauchen, abtropfen lassen und fest werden lassen.

Rote Nestchen

ZUTATEN FÜR CA. 20 STÜCK

Für den Teig

275 g Mehl

150 g Zucker

1 Pck. Vanillezucker

2 Eigelb

2 Tropfen Bittermandelöl

175 g Butter

Für den Belag

500 g Marzipan-Rohmasse

4 Eiweiß

etwas rotes Gelee oder rote Marmelade

1. Backofen auf 180 °C Ober/Unterhitze vorheizen.
2. Mehl, Zucker, Vanillezucker, Eigelb und Backaroma vermengen. Butter würfeln und zugeben. Alles schnell mit den Händen zu einem glatten Teig verkneten. Die Hälfte des Teigs ausrollen und mit einem runden Ausstecher (Ø 4 cm) Kekse ausstechen und auf ein Backblech legen.
3. Marzipan und Eiweiß verrühren, bis eine geschmeidige Masse entsteht (ggf. noch 2 EL Wasser zugeben).
4. Masse in einen Spritzbeutel füllen und als Kranz auf die Teigplätzchen spritzen. In die Mitte das Gelee geben
5. Im Backofen 15–10 Minuten backen.

Möllers Kindheitserinnerungen

Petra und Nadine Möller sind ein unschlagbares Team. Mutter und Tochter, so wie es sein soll. Im Umgang liebevoll, respektvoll und mit einer Menge Spaß. Die Zimtberge sind entstanden, als Petra für Tochter Nadine einen adäquaten Ersatz für die Schokoladenberge mit den Spitzen aus weißer Schokolade suchte, die ein großer Konzern aus dem Sortiment genommen hat. Geschmacklich ist etwas ganz Neues herausgekommen, aber Berg ist Berg.

Zimtberge

ZUTATEN FÜR CA. 45 STÜCK

- 3 Eiweiß
- 1 TL Zitronensaft
- 220 g Puderzucker
- 2 TL Zimt
- abgeriebene Schale von 1 Bio-Zitrone
- 70 g gemahlene blanchierte Mandeln
- 200 g gemahlene Haselnusskerne

1. Eiweiß und Zitronensaft in einer Schüssel mit dem Handmixer steif schlagen, dann nach und nach Puderzucker unterrühren. Von der Masse 2 gehäufte EL abnehmen, in einen Gefrierbeutel füllen und verschließen.
2. Zimt, Zitronenschale, Mandeln und Haselnusskerne langsam unter den Eischnee heben.
3. Backofen auf 150 °C Ober-/Unterhitze vorheizen und 2 Backbleche mit Backpapier auslegen.
4. Mit 2 Löffeln ca. 45 Häufchen Teig auf das Backpapier setzen, dabei immer ein wenig Abstand lassen.
5. Von dem Gefrierbeutel eine kleine Ecke abschneiden und auf jeden Zimtberg eine Spitze spritzen.
6. Ein Blech in den Ofen schieben und Zimtberge 25–30 Minuten backen. Mit dem zweiten Blech ebenso verfahren.

Limettenwölkchen

ZUTATEN FÜR CA. 45 STÜCK

- 100 g Zitronat
- 70 g Mehl
- 1 TL Backpulver
- 100 g brauner Zucker
- 1 Prise Salz
- abgeriebene Schale von 1 Bio-Limette
- 2 EL Limettensaft
- 120 g zarte Haferflocken
- 1 Ei
- 120 g weiche Butter

1. Zitronat fein hacken.
2. Mehl und Backpulver in einer Schüssel vermengen. Zucker, Salz, Limettenschale und -saft, Haferflocken, Ei, Butter und Zitronat zugeben und mit dem Handmixer gut verrühren. Teig 10 Minuten kalt stellen.
3. Backofen auf 200 °C Ober-/Unterhitze vorheizen und 2 Backbleche mit Backpapier auslegen.
4. Mit 2 Löffeln ca. 45 Häufchen auf die Bleche setzen.
5. 1 Blech in den Ofen schieben und Limettenwölkchen 15 Minuten backen. Mit dem zweiten Blech ebenso verfahren.

Carolas 3

Da steht er nun in der Küche und bäckt. Alte Erinnerungen kommen hoch. Erinnerungen an die Zeit, als Mama Carola noch lebte und in der gleichen Küche wie er jetzt stand. Klar ist die Holzküche durch eine moderne Küche ersetzt worden, der Boden hat einen neuen Belag bekommen und die Wände erstrahlen in frischem Weiß. Doch während er die Plätzchen bäckt, die seine Mutter normalerweise zu Weihnachten zubereitete, scheint die Zeit stehen geblieben zu sein. Und egal, wie alt man ist, man fühlt sich in diesen Momenten wieder wie ein Kind. Lieber Jens, vielen Dank, dass du mit uns die alten Rezepte deiner Mutter teilst.

Nussträffel

ZUTATEN FÜR 30 STÜCK

- 200 g Zartbitterschokolade
- 75 g weiche Butter
- 75 g Puderzucker
- 1 Pck. Vanillezucker
- 175 g gemahlene Haselnüsse

1. Schokolade grob hacken, in eine hitzebeständige Schüssel geben und im heißen Wasserbad schmelzen. Schüssel vom Wasserbad nehmen und Schokolade etwas abkühlen lassen.
2. Butter, Puderzucker und Vanillezucker in einer Schüssel mit dem Handmixer schaumig rühren, bis sich der Zucker vollständig aufgelöst hat. Flüssige Schokolade und 75 g gemahlene Haselnüsse unterheben. Teig 30–60 Minuten in den Kühlschrank stellen, damit er fest wird.
3. Danach aus der Masse 30 kleine Kugeln formen und diese in den restlichen gemahlenen Haselnüssen wälzen.

Dattelbusserl

ZUTATEN FÜR CA. 40 STÜCK

175 g getrocknete Datteln ohne Kern

75 g Mischung aus Orangeat, Zitronat und kandierten Kirschen

125 g Walnusskerne

3 Eiweiß

175 g Zucker

2 TL gemahlener Kardamom

1 TL Zimt

1 Prise gemahlene Nelken

40 Backoblaten (Ø 4 cm)

1. Backofen auf 160 °C Umluft vorheizen.
2. Datteln und Fruchtmix klein würfeln. Walnusskerne fein mahlen und in einer Schüssel mit den Datteln und dem Fruchtmix vermengen.
3. Eiweiß in einer Schüssel mit dem Handmixer steif schlagen, dann den Zucker nach und nach einrieseln lassen. Dattelmischung und Gewürze unterheben.
4. Mit 2 Löffeln etwas Teig abstechen und jeweils als Häufchen auf die Oblaten setzen.
5. Oblaten auf ein mit Backpapier belegtes Blech geben und 8 Minuten im Ofen backen.

Amaretti

ZUTATEN FÜR CA. 40 STÜCK

- 250 g Mandeln
- 2 Eiweiß
- 1 Prise Salz
- 200 g Zucker
- 10 Tropfen Bittermandelaroma
- 2 TL Hagelzucker
- Puderzucker zum Bestäuben

1. Backofen auf 100 °C Ober-/Unterhitze vorheizen.
2. Mandeln kurz in einen Topf mit kochendem Wasser tauchen. Durch ein Sieb abgießen, dann die Haut ablösen. Mandeln auf ein Backblech geben und 1 Stunde im Ofen trocknen lassen. Danach fein reiben.
3. Backofentemperatur auf 130 °C erhöhen.
4. Eiweiß und Salz in eine Schüssel geben und mit dem Handmixer steif schlagen. Zucker nach und nach einrieseln lassen und 2 Minuten unterrühren. Gemahlene Mandeln und Aroma unterheben.
5. Mit 2 Löffeln ca. 40 kleine Häufchen auf ein mit Backpapier belegtes Backblech setzen. Auf die Hälfte Hagelzucker streuen.
6. Blech in den Ofen schieben und Amaretti 25 Minuten backen. Herausnehmen, mit Puderzucker bestäuben und abkühlen lassen.

Kaum etwas ist eine größere Ehre, als ein Lieblingsrezept teilen zu dürfen. Oft sind es nämliche diese, die am herzlichsten schmecken. Erst sobald der Duft der Lieblingskekse durchs Haus in die Nase schwebt, kann die Weihnachtszeit so richtig anfangen.

DEINE NEUEN *Lieblingskekse*

1 Grundrezept – 1000 Möglichkeiten

Ich weiß nicht, wie es euch geht, aber ich liebe Kekse! Klassische Schokoladenkekse, Rosinenkekse, Erdnussbutterkekse, klebrige gesalzene Karamellkekse und vor allem Weihnachtskekse ... die Variationsmöglichkeiten sind endlos!

Da es so viele leckere Geschmacksrichtungen gibt, habe ich beschlossen, einen Keksteig zu machen, den man für unzählige Varianten nutzen kann. Der Teig hat die perfekte Balance aus braunem Zucker, weißem Zucker, Butter und einer kleinen Prise Salz und kann mit diversen Zutaten vielfältig verändert werden. Probier es einfach aus!

Das Grundrezept

ZUTATEN FÜR 14 STÜCK

- 225 g Butter
- 200 g brauner Zucker
- 175 g weißer Zucker
- 2 Eier
- 2 TL Vanilleextrakt
- 360 g Mehl
- 1 TL Backpulver
- 1 TL Salz

1. Butter in einem Topf schmelzen und auf Zimmertemperatur abkühlen lassen.
2. Dann mit den beiden Zuckersorten, den Eiern und dem Vanilleextrakt in eine große Schüssel geben und mit dem Handmixer verrühren.
3. In einer separaten Schüssel Mehl, Backpulver und Salz vermengen.
4. Mehlmischung zur Buttermischung geben und mit einem Spatel unterrühren. Teig 2 Stunden kalt stellen.
5. Backofen auf 180 °C Ober-/Unterhitze vorheizen.
6. Teig in 14 Portionen teilen. Nun den Lieblingsmix nach Belieben (siehe ab S. 40) in die Teigstücke einarbeiten und die Teiglinge zu Kugeln formen. Diese nochmals 30 Minuten in den Kühlschrank stellen.
7. Danach Kugeln auf ein mit Backpapier ausgelegtes Backblech legen (nicht platt drücken) und ca. 12 Minuten im Ofen backen. Der Rand sollte leicht braun sein und die Mitte noch etwas teigig.
8. Kekse auf dem Blech 5 Minuten abkühlen lassen, dann genießen. In einem luftdicht verschlossenen Behälter halten sich die Kekse 3 Tage.

Spekulatiuskekse-Lieblingsmix

ZUTATEN FÜR 14 STÜCK

- 1 Grundrezept (siehe S. 39)
- 14 TL Spekulatiusaufstrich
- 1 TL Speisestärke

1. Spekulatiusaufstrich in einer Schüssel mit der Speisestärke verrühren.
2. Je 1 TL Lieblingsmix mit jedem Teigstück verkneten.
3. Du kannst einen fertigen Spekulatiusaufstrich verwenden oder diesen ganz einfach selbst machen. Er schmeckt auch lecker auf warmem Toast.

SPEKULATIUSAUFSTRICH

ZUTATEN FÜR 1 GLAS (CA. 400 ML)

- 200 g Gewürzspekulatius
- 1 TL Spekulatiusgewürz
- 60 g weiche Butter
- 40 g brauner Zucker
- 80 g ungezuckerte Kondensmilch (10 % Fettanteil)
- 1 TL gemahlener Zimt

1. Spekulatius in einer Küchenmaschine sehr fein mahlen. Die restlichen Zutaten zugeben und alles zu einer Creme pürieren.
2. Creme in ein steriles Glas füllen und luftdicht verschließen.
3. Vor dem ersten Verzehr 12 Stunden im Kühlschrank ziehen lassen.

Zimt-Bananen-Vollmilch-Lieblingsmix

ZUTATEN FÜR 14 STÜCK

- 1 Grundrezept (siehe S. 39)
- 14 Bananen-Chips
- 60 g Vollmilch-schokolade
- 1 EL Zimt

1. Bananenchips und Schokolade grob hacken. In einer Schüssel mit dem Zimt vermischen.
2. Je 1 EL Lieblingsmix mit jedem Teigstück verkneten.

Rum-Matcha-weiße-Schokolade-Lieblingsmix

ZUTATEN FÜR 14 STÜCK

- 1 Grundrezept (siehe S. 39)
- 2 EL Rum
- 1 TL Matchapulver
- 80 g weiße Schokolade (oder Schokoladendrops)

1. Rum in einer Schüssel mit dem Matchapulver verrühren.
2. Die weiße Schokolade hacken und mit der Rummischung vermengen.
3. Je 1 TL Lieblingsmix mit jedem Teigstück verkneten.

3-Schokoladen-Lieblingsmix

ZUTATEN FÜR 14 STÜCK

1 Grundrezept (siehe S. 39)

1 TL Backkakao

30 g weiße Schokolade

30 g Zartbitterschokolade

30 g Vollmilchschokolade

1. Backkakao mit unter den Grundteig kneten.
2. Alle Schokoladen grob hacken und je 1 großzügigen TL in jedes Teigstück kneten.

Honig-Mandel-Lieblingsmix

ZUTATEN FÜR 14 STÜCK

- 1 Grundrezept (siehe S. 39)
- 100 g Mandeln, mit Haut
- 20 g flüssiger Honig

1. Mandeln kurz in einer Pfanne ohne Fett anrösten, dann den Honig einrühren und Masse abkühlen lassen.
2. Mandeln grob hacken und in die Teigstücke einkneten.

Gesalzenes Butterkaramell

ZUTATEN FÜR 14 STÜCK

- 1 Grundrezept (siehe S. 39)
- 80 g Vollmilch-schokolade
- 14 EL Salzkaramell

1. Schokolade grob hacken und in einer Schüssel mit dem Salzkaramell verrühren.
2. Lieblingsmix jeweils mit den Teigstücken verkneten.

Das Salzkaramell kannst du ganz einfach selbst machen:

SALZKARAMELL

ZUTATEN FÜR CA. 200 G

- 150 g Zucker
- 3 EL Wasser
- 150 ml Sahne
- 50 g Butter
- 1 Prise Meersalz

1. Zucker und Wasser in eine Pfanne geben und verrühren. Zucker langsam karamellisieren lassen.
2. Sahne zugießen und 5 Minuten köcheln lassen, bis sich der Zucker vollständig aufgelöst hat.
3. Pfanne vom Herd nehmen, Butter und Salz einrühren, dann auskühlen lassen.

Haselnusskekse-Lieblingsmix

ZUTATEN FÜR 14 STÜCK

1 Grundrezept (siehe S. 39)

80 g Haselnusskerne, mit Haut

50 g Vollmilchschokolade

1. Haselnusskerne in einer Pfanne ohne Fett leicht anrösten, dann auskühlen lassen und grob hacken.
2. Schokolade grob hacken und in einer Schüssel mit den Haselnüssen vermengen.
3. Lieblingsmix jeweils mit den Teigstücken verkneten.

Christels Beste sind seit Jahren die Lieblingskekse aller Bewohner des Dorfes, indem ich heute wohne. Auch wenn es etwas Überredungskunst gekostet hat, hat sie für uns ein paar Rezepte niedergeschrieben. Und ich liebe sie alle.

»Danke, dass du uns die Weihnachtszeit immer so besonders machst. Ohne deine Plätzchen wäre es kein richtiges Weihnachten. Ich bin sehr stolz auf deine Backkünste und war schon immer die stolzeste Tochter, wenn ich deine Plätzchen mit zur Weihnachtsfeier in die Schule mitbringen konnte und alle sie bewundert haben.« – Tamara Rehm

Christels BESTE

Marzipanbrote

ZUTATEN FÜR CA. 20 STÜCK

- 1 Ei
- 250 g Marzipan-rohmasse
- 85 g Puderzucker
- ½ Pck. Vanillezucker
- 30 g Mehl
- 3 TL Sahne
- 1 Spritzer Zitronensaft

1. Backofen auf 170 °C Umluft vorheizen und ein Backblech mit Backpapier auslegen.
2. Das Ei trennen und Marzipan grob reiben.
3. Eiweiß, Marzipan, 60 g Puderzucker, Vanillezucker und Mehl in eine Schüssel geben und mit der Hand oder dem Knethaken zu einer glatten Masse kneten.
4. Aus der Masse kleine Brotlaibe von ca. 4 cm Länge formen und diese auf das Backblech legen.
5. Eigelb und Sahne in einer Tasse verrühren und die Brote damit bestreichen.
6. Brote 18 Minuten im Ofen backen. Herausnehmen und auf einem Kuchengitter vollständig abkühlen lassen.
7. Den restlichen Puderzucker in einer Schüssel mit dem Zitronensaft verrühren, in einen kleinen Spritzbeutel füllen (alternativ in einen Gefrierbeutel füllen und eine kleine Ecke abschneiden) und die Marzipanbrote mit Zuckerstreifen verzieren.

TIPP

Um die Vanillekipferl gleichmäßig groß zu bekommen, den Teig zu einer Rolle formen, gleich große Scheiben abschneiden und diese zu Hörnchen formen.

Vanillekipferl

ZUTATEN FÜR CA. 70 STÜCK

300 g Mehl
125 g Zucker
2 Pck. Vanillezucker
3 Eigelb
125 g Mandeln, ohne Haut
250 g Butter
100 g Puderzucker

1. Mehl, Zucker, 1 Pck. Vanillezucker und Eigelb in einer Schüssel mit dem Handmixer zu einem Teig verarbeiten.
2. Mandeln mahlen und Butter in Würfel schneiden, beides zur Mehlmischung geben und unterkneten. Teig 30 Minuten kalt stellen.
3. Backofen auf 180 °C Umluft vorheizen und ein Backblech mit Backpapier auslegen.
4. Portionsweise den Teig aus dem Kühlschrank nehmen und aus jeweils walnussgroßen Stücken Hörnchen formen und diese mit Abstand zueinander auf das Blech legen.
5. Kipferl 10 Minuten im Ofen backen.
6. In der Zwischenzeit Puderzucker und restlichen Vanillezucker vermengen und die noch warmen Kipferl vorsichtig darin wälzen.

Mandel-Nuss-Makronen

ZUTATEN FÜR 25 STÜCK

2 Eiweiß

1 Prise Salz

140 g brauner Rohrzucker

100 g Mandelsplitter

100 g gemahlene Haselnüsse

½ TL Spekulatiusgewürz

1 TL Zitronensaft

1. Backofen auf 140 °C Umluft vorheizen und ein Backblech mit Backpapier auslegen.
2. Eiweiß in einer Schüssel mit dem Handmixer steif schlagen. Salz hinzufügen, dann nach und nach den Zucker einrieseln lassen.
3. Mandeln, Nüsse und Spekulatiusgewürz unterheben und den Zitronensaft einrühren.
4. 25 Häufchen auf das Backblech setzen und 20 Minuten im Ofen backen.

Schokosterne (Zimtsterne)

ZUTATEN FÜR CA. 55 STÜCK

Für den Teig

50 g Zartbitter-schokolade

100 g Puderzucker

60 g gemahlene Mandeln

60 g gemahlene Haselnüsse

50 g Marzipanrohmasse

50 g Mehl plus mehr für die Arbeitsfläche

50 g Honig

1 Eiweiß

1 EL Kakaopulver

Für die Glasur

1 Eiweiß

200 g Puderzucker

Optional

rote Pfefferbeeren

bunte Zuckerstreusel

1. Schokolade in eine hitzebeständige Schüssel geben und im heißen Wasserbad schmelzen.
2. Schüssel vom Wasserbad nehmen und die restlichen Teigzutaten zu der geschmolzenen Schokolade geben. Mit dem Handmixer zu einem Teig verkneten. 1 Stunde kühl stellen.
3. Backofen auf 170 °C Ober-/Unterhitze vorheizen.
4. Teig auf einer bemehlten Arbeitsfläche ca. 5 mm dick ausrollen.
5. Mittelgroße Sterne aus dem Teig ausstechen, auf ein mit Backpapier belegtes Blech setzen und 8 Minuten im Ofen backen. Herausnehmen und abkühlen lassen.
6. Für die Glasur Eiweiß und Puderzucker in einer Schüssel zu einem Guss verrühren und mit einem spitzen Küchenmesser die Sterne damit bestreichen.
7. Sterne nach Belieben noch mit roten Pfefferbeeren oder Zuckerstreuseln garnieren.

Mignonherzen

ZUTATEN FÜR CA. 65 STÜCK

Für den Teig

160 g Mehl plus mehr für die Arbeitsfläche

80 g brauner Zucker

80 g gemahlene blanchierte Mandeln

1 Ei

1 Prise Salz

1 Msp. Zimt

1 Msp. gemahlene Nelken

80 g Butter

80 g Zartbitterschokolade

Zum Bestreichen und Füllen

1–2 Eigelb

2 EL Zucker

2 EL rotes Johannisbeergelee

150 g Schokoladenglasur

1. Mehl, Zucker, Mandeln, Ei, Salz, Zimt, Nelken und Butter in eine Schüssel geben und mit dem Handmixer zu einem Teig verarbeiten.
2. Schokolade fein hacken und kurz unterkneten. Teig 1 Stunde kalt stellen.
3. Backofen auf 180 °C Ober-/Unterhitze vorheizen.
4. Teig auf der bemehlten Arbeitsfläche 2–3 mm dick ausrollen und mit einer Herzform Herzen ausstechen. Herzen auf ein mit Backpapier belegtes Backblech setzen.
5. Eigelb in einer Tasse verquirlen und Herzen damit bestreichen. Kurz antrocknen lassen und danach mit Zucker bestreuen. Blech in den Ofen schieben und Herzen 9 Minuten backen.
6. Gelee in einem Topf erwärmen und die Hälfte der Plätzchen auf der Unterseite damit bestreichen. Die restlichen Plätzchen ebenfalls mit der Unterseite daraufsetzen und Herzen abkühlen lassen.
7. Glasur in eine hitzebeständige Schüssel geben und im heißen Wasserbad erwärmen. Die Herzen zur Hälfte in die Glasur tauchen und Schokolade trocknen lassen.

Erdnussstangen

ZUTATEN FÜR CA. 36 STÜCK

- 130 g Mehl plus mehr für die Arbeitsfläche
- 65 g Butter
- 65 g Zucker
- 1½ Eigelb
- 1 Tropfen Buttervanillearoma
- 100 g Haselnussnougat
- 100 g Erdnüsse, geröstet und ungesalzen
- 100 g dunkle Schokoladenglasur
- 50 g Vollmilchschokolade

1. Backofen auf 160 °C Umluft vorheizen und ein Backblech mit Backpapier auslegen.
2. Mehl, Butter, Zucker, Eigelb und Buttervanillearoma in einer Schüssel mit dem Handmixer zu einem Teig verrühren. Auf der bemehlten Arbeitsfläche zu einem Rechteck (24 x 15 cm) ausrollen.
3. Den Teig längs in 12 Streifen (2 cm breit) schneiden und die Streifen jeweils in 3 Stücke teilen, sodass die Erdnussstangen eine Größe von 2 x 5 cm haben. Stangen auf das Backblech legen und 6 Minuten im Ofen backen. Herausnehmen und Stangen abkühlen lassen.
4. Nougat in einem Topf mit Wasser streichfähig erwärmen.
5. Stangen mit Nougat bestreichen, Erdnüsse daraufsetzen und Nougat im Kühlschrank fest werden lassen.
6. Dann die Schokoladenglasur in eine hitzebeständige Schüssel geben und im heißen Wasserbad schmelzen. Die Erdnussstangen mit der Schokoladenglasur bestreichen, und diese kurz antrocknen lassen.
7. Die Vollmilchschokolade ebenfalls in eine hitzebeständige Schüssel geben und im heißen Wasserbad schmelzen. In einen Spritzbeutel füllen und die Erdnussstangen damit verzieren.

Gefüllte Haselnussmakronen

ZUTATEN FÜR CA. 30 STÜCK

- 125 ml Sahne
- 100 g Vollmilchschokolade
- 2 Eiweiß
- 1 Prise Salz
- 140 g brauner Zucker
- 200 g gemahlene Haselnüsse
- je 1 Prise Zimt und gemahlene Nelken
- 1 TL Zitronensaft

1. Sahne in einem Topf erhitzen, Schokolade grob hacken und unter die Sahne rühren, bis diese vollständig aufgelöst ist. Masse in eine Schüssel umfüllen und über Nacht ruhen lassen.
2. Am nächsten Tag Backofen auf 160 °C Umluft vorheizen.
3. Eiweiß in einer Schüssel mit dem Handmixer steif schlagen, dann das Salz hinzufügen.
4. Nach und nach den Zucker einrieseln lassen. Haselnüsse und Gewürze untermischen.
5. Schließlich Zitronensaft unterrühren.
6. Mit 1 Löffel ca. 60 kirschgroße Häufchen auf 2 mit Backpapier belegte Backbleche setzen.
7. Teighäufchen etwas andrücken und 12 Minuten im Ofen backen. Herausnehmen und abkühlen lassen.
8. Die Schokosahne mit dem Handmixer cremig aufschlagen und jeweils als Füllung zwischen 2 Plätzchen streichen.

TIPP

Einen Teil des Teigs mit etwa Kakaopulver vermengen.

Je 2 Plätzchen nach dem Backen mit Nougat bestreichen und zusammensetzen.

Spritzgebäck

ZUTATEN FÜR CA. 30–40 STÜCK

200 g Butter, Zimmertemperatur

100 g Puderzucker

3 Eigelb

2 Pck. Vanillezucker

1 EL Zitronensaft

300 g Mehl

20 g Aprikosenkonfitüre

100 g Schokoladenglasur nach Wunsch (Zartbitter-, Vollmilch- oder weiße Schokolade)

Streudeko nach Belieben

1. Backofen auf 180 °C Umluft vorheizen und ein Backblech mit Backpapier auslegen.
2. Butter in einer Schüssel mit dem Handmixer schaumig rühren. Nach und nach Puderzucker, Eigelb, Vanillezucker und Zitronensaft unterrühren. Zum Schluss das Mehl esslöffelweise unterheben.
3. Den Teig in einen Spritzbeutel mit Sterntülle oder einen Fleischwolf füllen.
4. Kränze (und/oder Stangen) auf das Backblech spritzen und in 8–10 Minuten im Ofen goldbraun backen.
5. Aprikosenkonfitüre in einem Topf ganz leicht erhitzen und verrühren. Je 2 formgleiche Plätzchen nach dem Backen auf der flachen Seite mit Aprikosenmarmelade bestreichen und zusammenkleben. Dann auf einem Kuchengitter auskühlen lassen.
6. Schokoladenglasur nach Packungsanweisung schmelzen und erkaltete Plätzchen zur Hälfte in Schokoglasur tauchen.
7. Nach Belieben mit Streudeko garnieren.

Nougatberge

ZUTATEN FÜR 40 STÜCK

- 130 g Mehl plus mehr für die Arbeitsfläche
- 65 g Zucker
- 1½ Eigelb
- 1 Msp. Backpulver
- 1 Tropfen Butter-vanillearoma
- 250 g Nougat
- 70 g Mandelsplitter
- 150 g Schokoladenglasur

1. Mehl, Zucker, Eigelb, Backpulver, Vanillearoma in einer Schüssel mit dem Handmixer zu einem Teig verrühren. Teig zu einer Kugel formen und 30 Minuten in den Kühlschrank geben.
2. Backofen auf 180 °C Umluft vorheizen.
3. Den Teig auf der bemehlten Arbeitsfläche 2–3 mm dünn ausrollen und kleine runde Plätzchen ca. Ø 3 cm ausstechen. Auf ein mit Backpapier belegtes Backblech setzen und im Ofen 8 Minuten backen.
4. $^{1}/_{3}$ der gebackenen Plätzchen in einer Schüssel zerbröseln.
5. Nougat in einem Topf mit Wasser erwärmen, glatt rühren und mit den Mandelsplittern zu den Plätzchenkrümeln geben und gut vermengen.
6. Schokoladenglasur in eine hitzebeständige Schüssel geben und im heißen Wasserbad schmelzen.
7. Nougatmasse auf die restlichen Plätzchen streichen und die Oberseite mit Schokoglasur überziehen.

RECIPE BOOK
FRIDAY
April 22,2016
TRIBUTE
This creative
giant couldn't
be contained

Espresso-Florentiner

ZUTATEN FÜR CA. 40 STÜCK

- 75 g rote Belegkirschen
- 50 ml Wasser
- 100 g Zucker
- 1 Pck. Vanillezucker
- 30 g Butter
- 150 g Mandelblättchen
- 75 ml Sahne
- 2 TL Instant-Espressopulver
- 2 EL Mehl
- Schokoladenglasur zum Verzieren

1. Backofen auf 200 °C Umluft vorheizen und 2 Backbleche mit Backpapier belegen.
2. Kirschen in feine Streifen schneiden und mit den restlichen Zutaten, außer dem Mehl, in einer Pfanne mischen.
3. Masse kurz aufkochen und ca. 8 Minuten bei mittlerer Hitze köcheln lassen.
4. Dann das Mehl unterrühren und Pfanne vom Herd nehmen.
5. Mit 2 Teelöffeln kleine Häufchen auf die Backbleche setzen, dabei einen größeren Abstand zueinander lassen, da diese auseinanderfließen. 5 Minuten im Ofen backen.
6. Nach dem Backen Teig mit einem Löffel etwas zusammenschieben. Vollständig auf einem Kuchengitter abkühlen lassen und mit Schokoladenglasur verzieren.

Schokobällchen

ZUTATEN FÜR CA. 25 STÜCK

- 100 g Vollmilchschokolade
- 50 g Zartbitterschokolade
- 125 g Butter, Zimmertemperatur
- 150 g Puderzucker
- 1 Prise Salz
- 1 EL Rum
- 50 g Kokosraspel
- 50 g weiße und dunkle Schokoraspel

1. Schokolade in eine hitzebeständige Schüssel geben und im heißen Wasserbad schmelzen.
2. Butter, Puderzucker und Salz in einer Schüssel mit dem Handmixer schaumig rühren.
3. Esslöffelweise die flüssige Schokolade untermischen, zum Schluss den Rum einrühren.
4. Masse mindestens 20 Minuten im Kühlschrank fest werden lassen.
5. Mit 1 Teelöffel kleine Stücke abstechen und zu Kugeln formen.
6. Kokos- und Schokoraspel jeweils auf Teller geben und die Kugeln darin wälzen.

TIPP

Nachdem die Kokosmakronen zur Hälfte in Schokoladen getaucht worden sind, mit ein paar Kokosflocken und/oder gehackten Pistazien bestreuen.

Kokosmakronen

ZUTATEN FÜR CA. 30 STÜCK

- 4 Eiweiß
- 150 g Zucker
- 1 Pck. Vanillezucker
- 65 g Quark (20 %)
- 4 Tropfen Bittermandelaroma
- 200 g Kokosraspel
- 100 g Schokoguss

1. Backofen auf 190 °C Umluft vorheizen und 2 Backbleche mit Backpapier auslegen.
2. Das Eiweiß in einer Schüssel mit dem Handmixer zu steifem Schnee schlagen. Dabei nach und nach den Zucker und den Vanillezucker unterrühren.
3. Quark und Bittermandelaroma vorsichtig unterrühren und zum Schluss die Kokosraspel unterheben.
4. Mit 2 Teelöffeln Häufchen auf die Backbleche setzen und diese 9 Minuten im Ofen backen. Herausnehmen und auf einem Kuchengitter vollständig abkühlen lassen.
5. Die Schokoladenglasur nach Packungsanweisung zubereiten und die erkalteten Makronen jeweils zur Hälfte in den Schokoguss tauchen.

Wenn die Liebsten ihre Geschenke öffnen, dann werden die Augen noch viel größer, sobald noch ein kleiner Gaumenschmaus hinzukommt. Geschenke aus der Küche sind eben mehr als »nur« etwas zum Genießen, sondern auch die Idee und Mühe dahinter, die sich der Schenkende gemacht hat, zeigen, dass es sich um mehr als nur eine Aufmerksamkeit handelt. Wenn sich jemand noch die Zeit nimmt, etwas ganz Besonderes zu verschenken, nämlich etwas Selbstgemachtes, dann weiß man, wie sehr man wertgeschätzt wird.

GESCHENKE AUS DER Weihnachtsküche

Meringue-Weihnachtsmann-Pops

Diese knusprigen Baisers eignen sich prima zum Verschenken.

ZUTATEN FÜR 6 STÜCK

4 Eiweiß

1 Prise Salz

225 g Zucker

Außerdem

Lebensmittelfarbe in Ivory (Hautfarbe) und Rot

4 Spritzbeutel

1 Rundtülle (2A)

1 Sterntülle (4B)

1 Blumentülle (2D)

1 Sterntülle (1M)

6 Lolli-Sticks

Streusel zum Verzieren

1. Eiweiß mit dem Salz in eine Schüssel geben und mit dem Handmixer steif schlagen.Zucker langsam einrieseln lassen und weiterschlagen, bis sich der Zucker vollständig aufgelöst hat.
2. ¾ der Masse in eine Schüssel umfüllen und mit Ivory-Lebensmittelfarbe einfärben. Dann in einen Spritzbeutel mit Rundtülle (2A) füllen.
3. Die Hälfte der restlichen Masse in einer anderen Schüssel mit roter Lebensmittelfarbe einfärben und in einen Spritzbeutel mit Sterntülle (4B) füllen.
4. Die restliche Masse wiederum halbieren und jeweils in einen Spritzbeutel (einen mit Blumentülle 2D und einen mit Sterntülle 1M) füllen.
5. Backofen auf 90 °C Ober-/Unterhitze vorheizen und 2 Backbleche mit Backpapier auslegen.
6. Zuerst mit der hautfarbenen Masse 6 Weihnachtsmanngesichter aufspritzen, dann jeweils einen kleinen Spritzer als Nase aufsetzen.
7. Mit der roten Eiweißmasse die Weihnachtsmütze aufspritzen.Mit der weißen Masse aus dem Spritzbeutel mit Sterntülle einen kleinen weißen Tuff auf die Mütze setzen und den Mützenrand spritzen.

8. Lolli-Sticks mittig unter die Gesichts-Baisermasse schieben.
9. Mit der weißen Masse aus dem Spritzbeutel mit Blumentülle den Bart aufspritzen und mit der weißen Masse aus dem Spritzbeutel mit Sterntülle den Schnurrbart aufspritzen. Mit Streuseln dekorieren und 2 Stunden im Ofen trocknen lassen, dabei einen Holzlöffel in die Backofentür klemmen, sodass die Feuchtigkeit entweichen kann. Herausnehmen und auf dem Blech vollständig auskühlen lassen. Wenn das Baiser trocken ist, lässt es sich ganz einfach vom Backpapier lösen.

TIPP

Ich nehme dazu Mandeln mit Haut, da haftet die Zuckerschicht einfach besser. Auch wenn sich die Zuckerschicht bei blanchierten Mandeln feiner um die Mandeln legt, mag ich die gebrannten Mandel mit einer dickeren Schicht viel lieber.

Gebrannte Kaffeemandeln

ZUTATEN FÜR 300 G

- 200 g Zucker
- 120 ml frisch aufgebrühter Kaffee
- 1 Pck. Vanillezucker
- ½ TL Zimt
- 200 g Mandeln

1. Zucker, Kaffee, Vanillezucker und Zimt in einer großen Pfanne oder einem Topf zum Kochen bringen. So lange unter Rühren kochen, bis der Zucker sich vollständig aufgelöst hat.
2. Mandeln zugeben und unter Rühren so lange garen, bis das Wasser verdampft ist und sich eine matte Zuckerschicht um die Mandeln bildet und karamellisiert.
3. Mandeln auf einem leicht gefetteten Backpapier verteilen und auskühlen lassen

Herzhafte Sterne

ZUTATEN FÜR CA. 40 STÜCK

- 250 g Mehl
- 2 TL Backpulver
- 125 g Margarine
- 2 Eier
- 80 g Frischkäse
- 1 TL Salz
- 50 g geriebener Parmesan
- 2 TL Mohn
- 2 TL Sesam

1. Backofen auf 200 °C Ober-/Unterhitze vorheizen und 2 Backbleche mit Backpapier auslegen.
2. Mehl und Backpulver vermischen. Margarine, 1 Ei, Frischkäse, Salz und Parmesan mit den Knethaken des elektrischen Handrührers zu einem glatten Teig verarbeiten.
3. Teig auf einer bemehlten Arbeitsfläche ca. 3 mm dünn ausrollen. Mit Keksausstechern Sterne ausstechen und auf die Backbleche legen.
4. Das zweite Ei trennen, Eigelb verquirlen. Plätzchen mit dem Eigelb bestreichen und mit Mohn und Sesam bestreuen, leicht andrücken und ca. 15 Minuten goldbraun backen.

Bratapfelkuchen im Glas

ZUTATEN FÜR 4 GLÄSER (À 220 ML)

2 kleine Äpfel
80 g Marzipanrohmasse
180 g Butter
3 Eier
100 g weißer Zucker
80 g brauner Zucker
1 Prise Salz
½ TL Zimt
200 g Mehl
1 Pck. Backpulver

1. Backofen auf 160 °C Umluft vorheizen und 4 Einmachgläser einfetten.
2. Äpfel schälen, entkernen und würfeln.
3. Marzipanrohmasse reiben. Butter in einem Topf schmelzen.
4. Eier, beide Zuckersorten, Salz und Zimt in einer Schüssel vermengen und mit dem Handmixer schaumig aufschlagen. Mehl und Backpulver in einer zweiten Schüssel vermischen und unter die Eiermasse rühren.
5. Flüssige Butter, Marzipanrohmasse und Apfelwürfel untermischen.
6. Teig auf die Gläser verteilen und 20 Minuten im Ofen backen. Die noch heißen Gläser luftdicht verschließen, abkühlen lassen und verschenken.

TIPP

Kuchen im Glas sind ein schönes Mitbringsel. Die Gläschen können noch mit Schleifchen dekoriert werden. Fest verschlossen halten sich die Kuchen im Kühlschrank bis zu 2 Wochen.

Lebkuchen-Brownies im Glas

ZUTATEN FÜR 4 GLÄSER (À 220 ML)

- 80 g Butter
- 100 g Zartbitterschokolade
- 150 g Zucchini
- 80 g Walnusskerne
- 50 g Mehl
- 4 TL Backkakao
- ½ TL Natron
- ½ TL Backpulver
- 1 TL Lebkuchengewürz
- 1 Prise Salz
- 1 Pck. Vanillezucker
- 2 Eier
- 130 g Zucker
- abgeriebene Schale von 1 Bio-Orange

1. Backofen auf 160 °C Umluft vorheizen und 4 Einmachgläser einfetten.
2. Butter und Schokolade in eine hitzebeständige Schüssel geben und im warmen Wasserbad schmelzen.
3. Zucchini waschen, putzen und grob reiben. Walnusse grob hacken.
4. Mehl, Backkakao, Natron, Backpulver, Lebkuchengewürz und Salz in einer Schüssel vermengen.
5. Vanillezucker, Eier und Zucker in einer Schüssel mit dem Handmixer aufschlagen.
6. Mehlmischung und Buttermischung langsam in die Eiermasse rühren. Zucchini, Walnüsse und Orangenschale unterheben.
7. Teig in die Gläser füllen und 25–30 Minuten im Ofen backen. Herausnehmen und Gläser sofort luftdicht verschließen. Abkühlen lassen und verschenken.

Salame al cioccolato

Was früher eine Spezialität aus Italien war, hat sich mittlerweile auch auf jedem süßen Buffet breitgemacht. Kein Wunder, dass auch die Rezepte dafür nach Lust und Laune variieren. Anstelle von Butterkeksen sind Amaretti di Saronno ebenfalls richtig lecker. Das Original der Salame al cioccolato wird aus Kakaopulver und Butter hergestellt anstelle von Schokolade.

ZUTATEN FÜR 1 SALAMI

- 200 g Bitterschokolade
- 200 g Vollmilchschokolade
- 300 g Butterkekse
- 50 g Pistazien
- 150 g weiche Butter
- 100 g Zucker
- Puderzucker zum Bestäuben

1. Schokolade in eine hitzebeständige Schüssel geben und im heißen Wasserbad schmelzen.
2. Kekse grob zerbröseln. Pistazien grob hacken.
3. Butter und Zucker in eine Schüssel geben und mit dem Handmixer cremig rühren. Geschmolzene Schokolade langsam zugießen und untermischen. Keksbrösel und Pistazien unterheben und alles mit den Händen durchkneten.
4. Masse auf ein Stück Backpapier geben und eine Wurst daraus formen. Schokoladensalami fest in das Backpapier einrollen und die Enden wie ein Bonbon verschließen. Rolle mindestens 4 Stunden in den Kühlschrank legen.
5. Vor dem Servieren das Backpapier entfernen und die Schokoladensalami mit Puderzucker bestäuben.

Fruchtige, schokoladige oder nussige Kuchen mit weihnachtlichen Zutaten wie Zimt, Rum, Honig, Mandeln, Orange und Apfel, die herrlich duften. Versüße dir und deiner Familie die gemütlichen Winternachmittage mit einem leckeren Stück Kuchen oder serviere ihn zu Heiligabend als krönenden Abschluss. Alle werden es lieben, wenn es nach dem Festmahl noch etwas Süßes gibt.

Weihnachtliche
BROTE UND KUCHEN

Weihnachtsbrot

Ob Vánočka, das tschechische Weihnachtsbrot, das chilenische Pan de Pascua oder das norwegische Julekake – an Weihnachtsbroten fehlt es uns jedenfalls nicht. Da fällt es auch nicht auf, wenn ich noch eins dazwischenschiebe. Mein Weihnachtsbrot ist keiner Tradition oder gar einem Land zugeordnet, sondern einfach aus Lust und Laune entstanden.

ZUTATEN FÜR 1 BROT (CA. 800 G)

- 2 EL Rosinen
- 120 ml Rum
- 300 ml Wasser
- 1 Ei
- 500 g Mehl
- 1 TL Rohrohrzucker
- 7 g Trockenhefe
- 5 g Salz
- 10 g weiche Butter
- abgeriebene Schale von 1 Bio-Zitrone
- je 30 g Zitronat und Orangeat
- 60 g gehackte Mandeln
- 1 TL Zimt

1. Die Rosinen in eine Schüssel geben, mit Rum beträufeln und über Nacht stehen lassen.
2. Am nächsten Tag alle Zutaten in eine Schüssel geben und mit dem Handmixer zu einem gleichmäßigen Teig verkneten. Den Brotteig abgedeckt an einem warmen Ort ca. 1 Stunde gehen lassen.
3. Anschließend noch mal kurz durchkneten, einen Laib formen und diesen auf ein mit Backpapier belegtes Backblech setzen. Noch mal ca. 10 Minuten gehen lassen.
4. Währenddessen den Backofen auf 200 °C Umluft vorheizen.
5. Das Brot ca. 45 Minuten im Ofen backen.

Quark-Früchtebrot mit Rum

Ein schnell gemachtes Früchtebrot mit Quark und Christstollen-Effekt. Am besten schmeckt es, wenn es nach dem Backen mit geschmolzener Butter bestrichen und dick mit Puderzucker bestreut wird – so lecker!

ZUTATEN FÜR 1 KASTENFORM (25 X 12 CM)

- 100 g Rosinen
- abgeriebene Schale von ½ Bio-Zitrone
- 200 g kandierte Früchte
- 5 EL Rum
- 200 g Marzipan-rohmasse
- 125 g Butter, Zimmer-temperatur, plus mehr für die Form
- 2 Eier
- 100 g Zucker
- 250 g Magerquark
- 300 g Mehl
- 100 g Mandelstifte
- 1 Pck. Backpulver
- 1 Prise gemahlener Kardamom
- 50 g Puderzucker

1. Rosinen, Zitronenschale und kandierte Früchte in eine Schüssel geben, mit Rum beträufeln und über Nacht im Kühlschrank ziehen lassen.
2. Am nächsten Tag Backofen auf 160 °C Ober-/Unterhitze vorheizen.
3. Marzipan in eine Schüssel reiben und mit dem Handmixer mit 100 g Butter verrühren.
4. Eier und Zucker nach und nach untermischen, dann den Quark zugeben und einarbeiten.
5. Mehl, Mandelstifte, Backpulver und Kardamom unterrühren.
6. Als Nächstes kandierte Früchte und Rumrosinen unterheben.
7. Teig in eine gefettete Kastenform füllen und 80 Minuten im Ofen backen, dabei ggf. nach 40 Minuten mit Alufolie bedecken, wenn der Teig zu dunkel wird.
8. Brot aus dem Ofen nehmen.
9. Restliche Butter in einem Topf schmelzen und das Früchtebrot damit einpinseln und mit Puderzucker bestäuben. In der Form abkühlen lassen, dann herausnehmen.

Walnuss-Zimt-Schokoladen-Frühstücksbrot

Dieses Brot ist dazu gemacht, mit gesalzener Butter, Nussbutter oder Bananenscheiben verspeist zu werden. Die gerösteten Walnüsse geben dem Brot nicht nur einen tollen Geschmack, sondern auch eine perfekte Struktur. Das Highlight ist die Schicht aus Puderzucker und Zimt.

ZUTATEN FÜR 1 KASTENFORM (25 X 12 CM)

80 g Butter plus mehr für die Form

250 ml Milch

50 g Zuckerrübensirup

7 g Trockenhefe

420 g Mehl

½ TL Salz

40 g Walnusskerne

60 g Vollmilchschokolade

Puderzucker zum Bestäuben

1 TL Zimt

1. Butter in einem Topf schmelzen, Milch und Zuckerrübensirup zugeben und unterrühren. Trockenhefe darauf verteilen und untermischen.
2. Mehl und Salz in einer Schüssel vermengen, dann die Buttermischung zugeben und alles mit dem Handmixer 10 Minuten verkneten.
3. Teig abgedeckt 1 Stunde an einem warmen Ort gehen lassen.
4. Walnüsse hacken und in einer Pfanne ohne Fett leicht anrösten.
5. Schokolade ebenfalls grob hacken.
6. Teig nochmals durchkneten und gehackte Walnüsse und Schokolade einarbeiten.
7. Teig in eine gefettete Kastenform füllen und abgedeckt 30 Minuten ruhen lassen.

8. Backofen auf 180 °C Ober-/Unterhitze vorheizen.
9. Brot 30 Minuten mit Alufolie abgedeckt im Ofen backen, dann Hitze auf 180 °C herunterschalten und weitere 15 Minuten backen.
10. Brot herausnehmen und etwas auskühlen lassen. Puderzucker und Zimt in einer Schüssel vermischen und das Brot damit bestäuben.

Champagner-Gugelhupf

Festlicher geht es kaum: ein Champagner-Gugelhupf mit Champagner-Glasur ... Und damit er richtig hübsch aussieht, hat der Kuchen noch eine dicke Puderzuckerschicht bekommen – ein Träumchen.

Du kannst den Gugelhupf natürlich auch mit Sekt backen und den Champagner einfach trinken.

ZUTATEN FÜR 1 GUGELHUPFFORM

Für den Teig

450 g Mehl

1 EL Backpulver

300 g Zucker

1 Prise Salz

3 Eier

250 ml Champagner (oder Sekt)

110 ml Sonnenblumenöl

100 ml Milch

1 EL Vanilleextrakt

Butter für die Form

Für die Garnitur

150 g Puderzucker plus mehr zum Bestäuben

3–4 EL Champagner (oder Sekt)

1. Backofen auf 160 °C Ober-/Unterhitze vorheizen.
2. Mehl, Backpulver, Zucker und Salz in einer Schüssel vermengen.
3. Eier, Champagner, Öl, Milch und Vanilleextrakt in einer weiteren Schüssel mit dem Handmixer verrühren, dann zur Mehlmischung geben und untermischen.
4. Teig in die gefettete Form füllen und 60–70 Minuten im Ofen backen.
5. Herausnehmen und Kuchen 10 Minuten in der Form abkühlen lassen. Dann stürzen und auf einem Kuchengitter vollständig auskühlen lassen.
6. Für die Glasur in einer Schüssel Puderzucker und Champagner verrühren. Guss auf dem Kuchen verteilen und fest werden lassen. Kuchen vor dem Servieren mit Puderzucker bestäuben.

Orangenkuchen mit brauner Butter

Jetzt wird es richtig saftig. Die fruchtige Süße der Orangen und der nussige Geschmack der braunen Butter sind in Kombination einfach unschlagbar.

ZUTATEN FÜR 1 KASTENFORM (25 X 12 CM)

Für den Teig

180 g Butter plus mehr für die Form

4 Eier

180 g Puderzucker

1 Pck. Vanillezucker

abgeriebene Schale von 2 Bio-Orangen

150 g griechischer Joghurt

220 g Mehl

30 g Speisestärke

1 Pck. Backpulver

½ TL Natron

Für die Tränke

125 g Puderzucker

Saft von 2 Bio-Orangen

2 TL Zitronensaft

1. Backofen auf 180 °C Ober-/Unterhitze vorheizen.
2. Butter in einem Topf schmelzen und unter Rühren erhitzen, bis sie haselnussbraun ist und leicht nussig riecht. Durch ein Sieb in eine Schüssel abseihen.
3. Eier, Puderzucker und Vanillezucker in einer Schüssel mit dem Handmixer schaumig aufschlagen.
4. Orangeschale, Joghurt und braune Butter unterrühren.
5. Mehl, Speisestärke, Backpulver und Natron in einer weiteren Schüssel vermengen und mit der Eiermasse vermischen.
6. Teig in die gefettete Form füllen und im Ofen auf der untersten Schiene 60 Minuten backen, dann bei leicht geöffneter Tür 15 Minuten abkühlen lassen.
7. Für die Tränke Puderzucker, Orangen- und Zitronensaft in einer Schüssel verrühren.

Für die Glasur

150 g Puderzucker

3–4 EL Orangensaft

8. Kuchen mit einem Holzspieß mehrmals einstechen und die Flüssigkeit langsam darüberträufeln und einziehen lassen.
9. Kuchen vollständig abkühlen lassen, dann aus der Form nehmen.
10. Für die Glasur Puderzucker und Orangensaft in einer Schüssel verrühren. Es soll eine dicker Guss entstehen. Guss über dem Kuchen verteilen.

Kirsch-Lebkuchen-Gugelhupf

Kirschen und Lebkuchengewürz sind eine richtig gute Kombination, und im Teig mit etwas Honig und Mandeln wird daraus ein richtig guter Gugelhupf.

ZUTATEN FÜR 1 GUGELHUPFFORM

- 150 g Zartbitterschokolade
- 500 g entsteinte Sauerkirschen (aus dem Glas)
- 270 g Butter, Zimmertemperatur, plus mehr für die Form
- 150 g brauner Zucker
- 1 Pck. Vanillezucker
- 2 EL Honig
- 6 Eier
- 3 EL Rum
- 80 ml Milch
- 270 g Mehl
- 1 Pck. Backpulver
- 2 EL Lebkuchengewürz
- 1 Prise Salz
- 220 g gemahlene Mandeln
- Puderzucker

1. Backofen auf 180 °C Ober-/Unterhitze vorheizen.
2. Zartbitterschokolade in eine hitzebeständige Schüssel geben und auf einem warmen Wasserbad schmelzen.
3. Die Kirschen in ein Sieb abgießen und abtropfen lassen.
4. Butter, Zucker, Vanillezucker und Honig in eine Schüssel geben und mit dem Handmixer schaumig aufschlagen.
5. Eier nach und nach unterrühren. Rum und Milch zugeben und langsam untermischen.
6. Mehl, Backpulver, Lebkuchengewürz und Salz in einer weiteren Schüssel vermengen und in den Teig einarbeiten.
7. Mandeln, Schokolade und Kirschen unterheben.
8. Teig in die gefettete Form füllen und 45–50 Minuten im Ofen backen.
9. Herausnehmen und Kuchen 10 Minuten in der Form abkühlen lassen. Dann stürzen und auf einem Kuchengitter vollständig auskühlen lassen. Vor dem Servieren mit Puderzucker bestäuben.

Sacher-Kastenkuchen

Die Sachertorte wird zum Kastenkuchen, gefüllt mit Aprikosenkonfitüre und mit einem Guss aus Schokolade. Eine perfekte Kombination!

ZUTATEN FÜR 1 KASTENFORM (25 X 12 CM)

Für den Teig

200 g Butter, Zimmertemperatur, plus mehr für die Form

2 EL Kakaopulver

200 g Zartbitterschokolade

50 g Puderzucker

8 Eier

275 g Zucker

225 g Mehl

125 g Aprikosenkonfitüre

Für die Glasur

100 g Aprikosenkonfitüre

60 ml Wasser

100 g Zucker

150 g Zartbitter- oder Vollmilchschokolade

1. Backofen auf 200 °C Ober-/Unterhitze vorheizen.
2. Die Kastenform einfetten und mit 1 EL Kakaopulver bestäuben.
3. Zartbitterschokolade in eine hitzebeständige Schüssel geben und im warmen Wasserbad schmelzen.
4. Butter und Puderzucker in einer Schüssel mit dem Handmixer schaumig rühren. 6 Eier trennen und 6 Eigelb unter die Buttermischung rühren.
5. Die restlichen 2 Eier zugeben und einarbeiten.Das Eiweiß in einer Schüssel steif schlagen und dabei den Zucker langsam einrieseln lassen.Mehl und restliches Kakaopulver in einer Schüssel vermengen.
6. Geschmolzene Schokolade unter die Eiermischung rühren, Mehlmischung nach und nach zugeben und das Eiweiß unterheben.

10. $^2/_3$ des Teigs in die gefettete Kastenform füllen, Aprikosenkonfitüre darüber verteilen und den restlichen Teig daraufgeben.
11. Kuchen 20 Minuten im Ofen backen, dann die Temperatur auf 160 °C reduzieren und weitere 40 Minuten backen.

12. Kuchen aus dem Ofen nehmen, in der Form 10 Minuten abkühlen lassen, dann aus der Form lösen und auf einem Kuchengitter vollständig auskühlen lassen.
13. Für die Glasur Aprikosenkonfitüre in einem Topf erwärmen und den Kuchen damit bepinseln. Wasser, Zucker und Schokoladen in einem Topf erhitzen, zu einem Guss verrühren und über dem Kuchen verteilen.

Zuckerstangenkuchen

Mit ein bisschen Pfefferminz und einem roten Swirl wird dieser Vanillekastenkuchen zum absoluten Showstopper.

ZUTATEN FÜR 1 KASTENFORM (25 X 12 CM)

Für den Teig

250 g Mehl

225 g Zucker

1½ TL Backpulver

½ TL Natron

½ TL Salz

250 ml Buttermilch

1 TL Vanilleextrakt

1 TL Pfefferminzextrakt

1 Ei

110 g Butter plus mehr für die Form

½ TL Kakaopulver

1 TL rote Lebensmittelfarbe

1. Backofen auf 180 °C Ober-/Unterhitze vorheizen.
2. Mehl, Zucker, Backpulver, Natron und Salz in einer Schüssel vermengen.
3. Buttermilch, Extrakte und Ei in einer Schüssel mit dem Handmixer verrühren, dann in die Mehlmischung einarbeiten.
4. Butter in einem Topf schmelzen und untermischen.
5. In einer weiteren Schüssel ¼ des Teigs mit Kakaopulver und Lebensmittelfarbe verrühren.
6. Die Hälfte des weißen Teigs löffelweise in die gefettete Kastenform geben.
7. Die Hälfte des roten Teigs löffelweise darauf verteilen.
8. Vorgang noch einmal wiederholen. Mit einem Messer den Teig ver»swirlen«.
9. Kuchen 45 Minuten im Ofen backen. Herausnehmen, in der Form 10 Minuten abkühlen lassen, dann aus der Form lösen und auf einem Kuchengitter auskühlen lassen.

Für das Frosting

3 TL Butter, Zimmertemperatur

3 TL Frischkäsezubereitung

¼ TL Pfefferminzextrakt

250 g Puderzucker

2 TL Milch

Außerdem

Zuckerstangen

Zuckerstreusel

10. Für das Frosting Butter, Frischkäse und Pfefferminzextrakt in einer Schüssel verrühren. Puderzucker und Milch untermischen.

11. Vor dem Servieren Kuchen mit dem Frosting bestreichen und mit Zuckerstangen und -streuseln dekorieren.

Honigkuchen mit kandierten Nüssen und Clementinen

Weihnachten mit all den leckeren Düften und Speisen ist einfach das Highlight des Jahres. Und das sollte man in vollen Zügen genießen. Ich bringe mich da gerne selbst in Stimmung, denn diese Zeit ist so etwas Besonderes. Bei mir klappt das am besten beim Backen und Kochen. Ich sitze gerne bei Kerzenschein am Tisch und überlege mir die nächsten Rezepte, zum Beispiel mit leckeren Clementinen und Nüssen ...

ZUTATEN FÜR 1 SPRINGFORM (Ø 20 CM)

Für die kandierten Zutaten

750 g Zucker

700 ml Wasser

3 Clementinen

24 Cashewkerne

Für den Teig

300 g Butter, Zimmertemperatur, plus mehr für die Form

2 Clementinen

100 g Zartbitterschokolade

170 g flüssiger Honig

100 g brauner Zucker

1. Für die kandierten Zutaten Zucker und Wasser in einen Topf geben, verrühren und 20 Minuten köcheln lassen. Dann beiseite stellen und abkühlen lassen.
2. Die Clementinen schälen, in Stücke zerteilen und mit den Cashewkernen in ein Gefäß geben. Mit dem Sirup übergießen und 24 Stunden ziehen lassen.
3. Am nächsten Tag Mischung durch ein Sieb abgießen und Clementinen und Cashewkerne abtropfen lassen.
4. Backofen auf 180 °C Ober-/Unterhitze vorheizen und die Springform einfetten.
5. Für den Kuchen die Clementinen auspressen. Die Schokolade in eine hitzebeständige Schüssel geben und im warmen Wasserbad schmelzen.

3 Eier

400 g Mehl

100 g gemahlene Cashewkerne oder Haselnüsse

3 TL Lebkuchengewürz

½ TL Zimt

½ Pck. Backpulver

1 TL Natron

1 Prise Salz

Für die Glasur

1 Clementine

200 g Puderzucker

6. Schüssel aus dem Wasserbad nehmen und Butter, Honig, braunen Zucker und Eier mit dem Handmixer in die Schokolade rühren.
7. Mehl, gemahlene Cashewkerne, Lebkuchengewürz, Zimt, Backpulver, Natron, Salz und Clementinensaft zugeben und vermengen.
8. Teig in die gefettete Form füllen und 45 Minuten im Ofen backen. Kuchen herausnehmen, dann 2 Stunden in der Form abkühlen lassen. Danach aus der Form lösen und auf ein Kuchengitter setzen.
9. Für die Glasur die Clementine auspressen und in einer Schüssel mit dem Puderzucker verrühren. Es soll ein fester Guss entstehen.
10. Kuchen mit dem Guss bestreichen und mit den kandierten Clementinen und Nüssen garnieren.

Bratapfelkuchen

Der Bratapfelkuchen ist genau der richtige Kuchen nach den Feiertagen. Noch leicht weihnachtlich und saftig frisch. Der riecht schon beim Backen nach Omas Backstube.

ZUTATEN FÜR 1 SPRINGFORM (24 CM)

Für die Bratäpfel

9 kleine rote Äpfel

150 g gehackte Mandeln

1 TL Zimt

50 g Honig

4 EL Rum

60 g Butter

Für den Teig

3 Eier

1 Prise Salz

125 g Zucker

400 g Joghurt

80 g Butter

250 g Weichweizengrieß

100 g Mehl

1 Pck. Backpulver

Außerdem

Puderzucker zum Bestäuben

1. Backofen auf 180 °C Ober-/Unterhitze vorheizen.
2. Äpfel waschen, jeweils einen Deckel abschneiden und das Gehäuse mit einem Apfelausstecher entfernen.
3. Mandeln, Zimt, Honig, Rum und Butter in einer Schüssel vermengen und die Äpfel damit füllen. Deckel aufsetzen, Äpfel in eine Reine setzen und 20 Minuten im Ofen backen. Herausnehmen und abkühlen lassen.
4. Für den Teig die Eier mit dem Salz und Zucker in eine Schüssel geben und mit dem Handmixer schaumig schlagen. Dann die restlichen Zutaten untermischen.
5. Teig in die gefettete Springform füllen, die Äpfel daraufsetzen und leicht in den Teig drücken. Kuchen 45 Minuten im Ofen backen.
6. Herausnehmen, abkühlen lassen, aus der Form lösen und vor dem Servieren mit Puderzucker bestäuben.

Karamellisierter Zimtkuchen

Wenn ein Kuchen im Backofen schon so duftet, dann muss er einfach lecker sein. Ist er auch! In der Mitte karamellisiert der Zucker mit dem Zimt und gibt dem Kuchen so einen ganz besonderen Kick.

ZUTATEN FÜR 1 KASTENFORM (30 X 12 CM)

- 600 g Mehl
- 30 g Speisestärke
- 1 Prise Salz
- 120 g + 10 EL Zucker
- 1 Pck. Backpulver
- 420 ml Milch
- 120 ml Sonnenblumenöl
- 3 Eier
- 2 TL Vanilleextrakt
- 2 EL Zimt

1. Backofen auf 180 °C Ober-/Unterhitze vorheizen und die Kastenform mit Backpapier auslegen.
2. Mehl, Speisestärke, Salz, 120 g Zucker und Backpulver in einer Schüssel vermengen.
3. Milch und Öl in einer Schüssel mit dem Handmixer verrühren, dann zur Mehlmischung geben und untermischen.
4. Eier nach und nach einarbeiten. Vanilleextrakt unterrühren.
5. Den restlichen Zucker in einer Schüssel mit dem Zimt vermengen.
6. $^{1}/_{3}$ des Teigs in die Form füllen, glatt streichen und mit $^{1}/_{3}$ des Zimtzuckers bestreuen.
7. Erneut $^{1}/_{3}$ Teig darauf verteilen, mit $^{1}/_{3}$ Zimtzucker bestreuen und diesen Vorgang nochmals wiederholen.
8. Kuchen im Ofen in 55 Minuten goldbraun backen.

Mandarinen-Orangen-Joghurt-Kuchen

Dieser supersofte Winter-Zitrus-Kuchen mit einer Mischung aus Orangen und Mandarinen wirkt irgendwie beruhigend und macht warm. Ein toller Kuchen also für stürmisches Wetter.

ZUTATEN FÜR 1 KASTENFORM (25 X 11 CM)

- 2 Bio-Orangen
- 500 g Zucker
- 4 Bio-Mandarinen
- 5 Eier
- 150 g Joghurt (Vanille oder Natur)
- 1 TL Vanilleextrakt
- 150 g Olivenöl
- 300 g Mehl
- 3 TL Backpulver
- 1 Prise Salz

1. Orangen heiß abwaschen, abtrocknen und die Schale fein abreiben. Den Saft auspressen und 200 ml Saft abmessen. Saft und 200 g Zucker in einen Topf geben, verrühren und zum Kochen bringen, sodass sich der Zucker vollständig auflöst.
2. 2 Mandarinen waschen und mit Schale in dünne Scheiben schneiden. Dann zur Zuckermischung geben und 5 Minuten mitköcheln lassen.
3. Backofen auf 120 °C Ober-/Unterhitze vorheizen.
4. Mandarinenscheiben aus der Flüssigkeit heben, abtropfen lassen und auf ein mit Backpapier ausgelegten Backblech legen. 1 Stunde im Ofen backen, dann herausnehmen und beiseite legen. Danach die Backofentemperatur auf 180 °C erhöhen. Die Kastenform mit Backpapier auslegen.
5. Die Orangenschale in einer Schüssel mit dem restlichen Zucker vermengen. Eier, Joghurt, Vanille und Olivenöl in einer Schüssel mit dem Handmixer aufschlagen. Mehl, Backpulver und Salz in einer weiteren Schüssel vermengen und nach und nach unterrühren. Orangenzucker unterrühren. Teig in die Form füllen.

6. Die restlichen Mandarinen schälen, die einzelnen Mandarinenstücke auf den Teig legen und ganz leicht andrücken.
7. Kuchen 50–60 Minuten im Ofen backen (Stäbchenprobe machen), herausnehmen und in der Form auskühlen lassen.
8. Vor dem Servieren mit den kandierten Mandarinenscheiben belegen und/oder mit dem restlichen Sirup beträufeln.

Ohne geht nicht, denn etwas Gebackenes neben Kekse und Co., gehört einfach zur Weihnachtszeit. Aromen wie Vanille, Zimt und Orange machen die Kleinen Backwerke unentbehrlich. Sie werden nicht nur dein Wochenende versüßen, sondern auch auf der Arbeit, beim langen Waldspaziergang im Schnee und abends vor dem Kaminfeuer ihr Ziel erreichen: Dich kurz glücklich zu machen.

Cupcakes, Muffins, Kleingebäck

Stollen-Madeleines

Die leckersten Madeleines habe ich vor vielen Jahren in Luxemburg gegessen. Ich höre die Sterneköchin, die bekannt für ihre Madeleines ist, immer noch sagen: »Aber immer avec amour …« Auch ich habe viel Liebe in die weihnachtliche Version der Madeleines gesteckt.

ZUTATEN FÜR 1 BLECH MIT 30 MADELEINEFORMEN

- 120 g Butter plus mehr für die Formen
- 3 große Eiweiß
- 1 Prise Salz
- 130 g Mehl plus mehr für die Formen
- 40 g gemahlene Mandeln
- 100 g brauner Zucker
- 1 TL Honig
- 1/3 TL gemahlener Kardamom
- 1/3 TL Zimt
- 1 EL Rum
- 1 EL Orangeat
- 1 EL Zitronat
- 1/2 TL Backpulver
- Zucker zum Wälzen

1. Butter in einem Topf schmelzen und köcheln lassen, bis sie etwas Farbe bekommt.
2. Eiweiß mit dem Salz in eine Schüssel geben und mit dem Handmixer sehr steif schlagen.
3. Mehl und Mandeln in einer weitern Schüssel vermischen, zum Eischnee geben und gut vermengen.
4. Butter, braunen Zucker und Honig unterheben. Dann Kardamom, Zimt und Rum einrühren. Den Teig eine Nacht im Kühlschrank ruhen lassen.
5. Am nächsten Tag den Backofen auf 180 °C Ober-/Unterhitze vorheizen.
6. Orangeat und Zitronat in einem Blitzhacker zerkleinern oder ganz fein hacken.
7. Backpulver, Orangeat und Zitronat unter den Teig heben und die Madeleine-Formen mit Butter einfetten und mit Mehl bestäuben.
8. Den Teig mit einem kleinen Löffel in die Mulden füllen. Madeleines 10–15 Minuten im Ofen backen, bis sie schön goldbraun werden.
9. Madeleines aus dem Ofen nehmen, in Zucker wälzen und auf einem Kuchengitter auskühlen lassen.

Spekulatiustrüffel

Die Spekulatiustrüffel müssen einfach sein. Und nicht nur, weil sie richtig lecker sind, sie sind auch schnell gemacht und ein tolles Geschenk noch dazu.

ZUTATEN FÜR 15–20 STÜCK

- 125 g Gewürzspekulatius
- 100 ml Sahne
- 300 g Vollmilchschokolade
- 1 TL Spekulatiusgewürz
- Puderzucker zum Wälzen

1. Spekulatius in einem Mixer zerkleinern.
2. Sahne in einem Topf erhitzen (nicht kochen lassen). Schokolade hacken und in die Sahne rühren, bis sie sich vollständig aufgelöst hat.
3. Kekskrümel und Spekulatiusgewürz untermischen.
4. Masse 1–2 Stunden kühl stellen, bis sie so fest ist, dass sie formbar ist.
5. Mit feuchten Händen Kugeln formen und diese in Puderzucker wälzen. Im Kühlschrank in einem luftdicht verschlossenen Behälter aufbewahren.

Honiglebkuchen mit Bananen und Feigen

Mandeln, Nüsse und die Süße aus Bananen, Feigen und Honig – diese weichen, köstlichen Lebkuchen kommen ganz ohne Eier, Mehl und raffinierten Zucker aus.

ZUTATEN FÜR CA. 12 STÜCK

1 reife Banane

100 g getrocknete Feigen

100 g Marzipanrohmasse

200 g Honig

1 Bio-Zitrone

2 TL Lebkuchengewürz

200 g gemahlene Haselnüsse

200 g gemahlene Mandeln

150 g Zartbitter- oder Vollmilchschokolade

gehackte Haselnüsse oder Pistazien zum Garnieren

1. Banane schälen und in Stücke schneiden. Banane, Feigen, Marzipan und Honig in einen Mixer geben und grob durchmixen. Dann in eine Schüssel umfüllen.
2. Zitrone heiß abwaschen und die Schale abreiben. Saft auspressen und Schale und Saft zum Teig geben. 20 Minuten ruhen lassen.
3. Backofen auf 150 °C Ober-/Unterhitze vorheizen und ein Backblech mit Backpapier auslegen.
4. Lebkuchengewürz, Haselnüsse und Mandeln unter den Teig heben.
5. 1 großen EL Teig abnehmen und mit den Händen zu einer Kugel formen, auf das Backpapier setzen und etwas andrücken. Vorgang wiederholen, bis der Teig aufgebraucht ist.
6. Lebkuchen 20 Minuten im Ofen backen, herausnehmen und auf einem Kuchengitter auskühlen lassen.
7. Schokolade in eine hitzebeständige Schüssel geben und im warmen Wasserbad schmelzen. Die Lebkuchen damit bestreichen und mit gehackten Haselnüssen oder Pistazien bestreuen.

TIPP

Am besten schmecken die Lebkuchen, wenn man sie noch 2 Wochen durchziehen lässt.

Candy-Cane-Cupcakes

ZUTATEN FÜR 1 MUFFINBLECH MIT 12 MULDEN

Für den Teig

2 Eier

1 Prise Salz

150 g Zucker

150 ml Buttermilch

120 ml Speiseöl

Mark von 1 Vanilleschote

160 g Mehl

½ TL Backpulver

⅓ TL Natron

2 Zuckerstangen

Für das Topping

250 g Mascarpone

150 g Schmand

50 g Puderzucker

2 Zuckerstangen

1. Backofen auf 160 °C Umluft vorheizen und die Muffinformen mit Papierförmchen auslegen.
2. Eier, Salz, Zucker und Buttermilch in einer Schüssel mit dem Handmixer aufschlagen. Speiseöl und Vanillemark zugeben und verrühren.
3. Mehl in einer weiteren Schüssel mit Backpulver und Natron vermengen und in die Eiermischung einarbeiten.
4. Zuckerstangen grob hacken und unterheben.
5. Teig in die Muffinförmchen verteilen und 15–20 Minuten im Ofen backen, bis die Muffins goldbraun sind.
6. Aus dem Ofen nehmen und abkühlen lassen.
7. Für das Topping Mascarpone, Schmand und Puderzucker in einer Schüssel verrühren. In einen Spritzbeutel füllen und auf die abgekühlten Muffins spritzen.
8. Zuckerstangen zermahlen und Cupcakes damit bestreuen.

Zimt-Cruffins

Diese Zimt-Cruffins haben mir schon so manchen Tag gerettet. Nicht nur, weil sie so unglaublich lecker sind, sie sind schnell gemacht und eine großartige Wiedergutmachung, wenn man mit den Hunden rausgegangen, im Schnee so unglaublich geschickt ausgerutscht und dann bis auf die Unterhose klitschnass ist. Im Schnee spazieren gehen? Kann ich!

ZUTATEN FÜR 1 MUFFINBLECH MIT 12 MULDEN

- 150 g Butter, Zimmertemperatur, plus mehr für die Form
- 2 TL Zimt
- 150 g brauner Zucker
- 2 Rollen frischer Croissantteig
- Puderzucker zum Bestäuben

1. Backofen auf 180 °C Ober-/Unterhitze vorheizen
2. Die Muffinformen einfetten.
3. Butter, Zimt und braunen Zucker in einer Schüssel mit dem Handmixer schaumig schlagen.
4. Croissantteig entrollen, die diagonalen Linien ignorieren und den Teig an den horizontalen Linien in je 3 Quadrate teilen, sodass 6 Rechtecke entstehen.
5. Zimtmischung darauf verteilen und jeweils einen Rand von 1 cm frei lassen.
6. Jedes Rechteck von der langen Seite her eng aufrollen (wie bei einer Zimtschnecke).
7. Jede Rolle in der Mitte längs halbieren und mit der aufgeschnittenen Seite auf die Arbeitsplatte legen.
8. Jede Rolle zu einer Spirale aufrollen und mit der aufgeschnittenen Seite nach oben in die Muffinform setzen.
9. Cruffins im Backofen in 15–20 Minuten goldbraun backen. Herausnehmen, abkühlen lassen und vor dem Servieren mit Puderzucker bestreuen.

TIPP

Je nach Geschmack 1 TL Zimt, 1 Prise gemahlene Nelken und/oder etwas Kardamom mit unter den Teig rühren.

Mandel-Bananen-Muffins

ZUTATEN FÜR 1 MUFFINBLECH MIT 12 MULDEN

- 100 g Mandelblättchen
- 250 g Mehl
- 1 TL Backpulver
- 25 g gemahlene Mandeln
- 75 g Zucker
- 3 Bananen
- 100 g Mandelmus (oder Erdnussbutter)
- 2 Eier
- 200 g Joghurt
- 125 g Puderzucker

1. Backofen auf 200 °C Ober-/Unterhitze vorheizen. Die Muffinformen mit Papierförmchen auslegen.
2. Mandelblättchen in einer Pfanne ohne Fett goldbraun rösten, dann abkühlen lassen.
3. Mehl in einer Schüssel mit Backpulver, gemahlene Mandeln und Zucker vermengen.
4. Bananen schälen, in eine Schüssel geben und mit einer Gabel zerdrücken. Mandelmus, Eier und Joghurt zugeben und mit dem Handmixer verrühren.
5. Mehlmischung zufügen und einarbeiten. 80 g Mandelblättchen unterheben.
6. Teig in die Muffinförmchen verteilen und Muffins in 15–20 Minuten im Ofen goldbraun backen. Herausnehmen und abkuhlen lassen.
7. Puderzucker in einer Schüssel mit etwas Wasser zu einer dicken Glasur verrühren. Muffins damit überziehen und mit den restlichen Mandelblättchen bestreuen.

Weihnachts-Panettone-Muffins

Ein Weihnachtsfest ohne Panettone ist für mich fast undenkbar. Am liebsten mag ich sie klein und handlich mit einer Zuckerglasur. Um der Süße etwas entgegenzuwirken, habe ich die Glasur mit meinem Lieblingskaffee angerührt. Dieses Jahr habe ich mir extra große XXL-Muffinformen gekauft, aber du kannst sie natürlich auch mit einem normalen Muffinblech (mit 12 Mulden) backen.

ZUTATEN FÜR 1 MUFFINBLECH MIT 6 MULDEN

Für den Teig

200 g Butter plus mehr für die Formen

200 ml Milch

1 Pck. Trockenhefe

100 g Zucker

2 TL Vanilleextrakt

3 Eier

3 Eigelb

abgeriebenen Schale von 2 Bio-Orangen

abgeriebene Schale von 1 Bio-Zitrone

500 g Mehl

1 Prise Salz

1. Die Muffinformen einfetten.
2. Milch in einem Topf lauwarm erwärmen, in eine Schüssel gießen und die Hefe unter Rühren darin auflösen.
3. Butter in einem Topf schmelzen.
4. Zucker, Vanille, Eier, Eigelb, geschmolzene Butter und Orangen- und Zitronenabrieb in einer Schüssel mit dem Handmixer verrühren.
5. Mehl und Salz in einer weiteren Schüssel vermengen.
6. Hefemilch und Eiermischung zugeben und 15 Minuten zu einem Teig verkneten.
7. Abgedeckt an einen warmen Ort 2 Stunden gehen lassen.
8. In der Zwischenzeit Cranberrys in eine Schüssel geben, mit Orangensaft beträufeln und ziehen lassen.

100 g Cranberrys
Saft von 1 Orange
100 g kandierte Früchte
100 g gehackte Pistazien
1 Eiweiß

Für die Glasur
150 g Puderzucker
2 TL kräftiger Kaffee

9. Teig nochmals durchkneten und Cranberrys, kandierte Früchte und 75 g Pistazien einkneten.
10. Teig in die Muffinformen verteilen, mit dem Eiweiß bestreichen und die restlichen Pistazien daraufstreuen. Nochmals 20 Minuten gehen lassen.
11. Währenddessen Backofen auf 180 °C Ober-/Unterhitze vorheizen.
12. Panettone-Muffins ca. 40 Minuten im Ofen backen. Dann herausnehmen und abkühlen lassen.
13. Puderzucker und Kaffee in einer Schüssel zu einer dickflüssigen Glasur verrühren und über den Muffins verteilen.

Weihnachtliche Zupfkuchen-Muffins

Saftige Muffins mit weihnachtlichen warmen Gewürzen, am liebsten noch warm, frisch aus dem Ofen, solange der süße Quark noch klebrig ist – einfach köstlich.

ZUTATEN FÜR 1 MUFFINBLECH MIT 10 MULDEN

- Fett für die Form
- 200 g Mehl
- 1 Pck. Backpulver
- 3 EL Kakaopulver
- 1 TL Lebkuchengewürz
- 200 g Zucker
- 100 g Butter
- 50 ml Sahne
- 250 g Magerquark
- 2 Eier
- 1 TL Vanilleextrakt
- 1 Prise Salz
- 4 EL Speisestärke

1. Backofen auf 180 °C Ober-/Unterhitze vorheizen, 10 Mulden der Muffinform einfetten.
2. Mehl, Backpulver, Kakaopulver, Lebkuchengewürz und 100 g Zucker in einer Schüssel vermischen.
3. Butter in einem Topf schmelzen, zur Mehlmischung geben und mit dem Handmixer zu einem Teig verkneten.
4. Sahne, Quark, restlichen Zucker, Eier, Vanille, Salz und Speisestärke in einer weiteren Schüssel verrühren.
5. $^2/_3$ des Teigs in 10 Mulden der Muffinform füllen und etwas andrücken. Die Quarkmasse darauf verteilen.
6. Den restlichen Teig in Stücke zupfen und auf dem Quark verteilen.
7. Muffins 30–35 Minuten im Ofen backen.

Glühwein-Kirsch-Cupcakes

ZUTATEN FÜR 1 MUFFINBLECH MIT 12 MULDEN

Für den Teig

80 g Vollmilch-schokolade

125 g weiche Butter plus mehr für die Form

100 g Zucker

1 Pck. Vanillezucker

1 Ei

150 ml Buttermilch

180 g Mehl

1 TL Backpulver

½ TL Natron

350 g entsteinte Sauerkirschen (aus dem Glas)

1. Backofen auf 180 °C Ober-/Unterhitze vorheizen.
2. Schokolade in eine hitzebeständige Schüssel geben und in einem warmen Wasserbad schmelzen.
3. Butter, Zucker, Vanillezucker und Ei in eine Schüssel geben und mit dem Handmixer schaumig aufschlagen. Buttermilch und Schokolade unterrühren.
4. Mehl, Backpulver und Natron in einer zweiten Schüssel vermengen und unter die Butter-Zucker-Masse mischen.
5. Kirschen in ein Sieb abgießen, dabei den Saft auffangen. Kirschen abtropfen lassen. 12 Kirschen zur Seite stellen, die restliche Kirschen unter den Teig heben.
6. Teig auf die gefetteten Muffinförmchen verteilen und ca. 25 Minuten im Ofen backen. Herausnehmen und abkühlen lassen.
7. In der Zwischenzeit 2 EL Kirschsaft in einer Schüssel mit der Speisestärke verrühren.
8. Für den Kirsch-Glühwein den restlichen Kirschsaft mit Kardamom, Sternanis und Nelken in einen Topf geben und 3 Minuten köcheln lassen.
9. Die Gewürze entfernen, dann die Speisestärkemischung einrühren und Saft nochmals aufkochen und eindicken lassen.

Für das Topping

10 g Speisestärke

1 Kardamomkapsel

1 Sternanis

2 Nelken

500 g Frischkäse

100 g Puderzucker

100 g Butter, Zimmertemperatur

10. Frischkäse, Puderzucker und Butter in einer Schüssel verrühren und 4 EL Kirsch-Glühwein untermischen.

11. Masse in einen Spritzbeutel füllen und auf die Muffins spritzen. Jeden Muffin mit 1 Kirsche und etwas Kirsch-Glühwein toppen.

Zu Weihnachten darf es dann ruhig mal ein wenig mehr sein. Zarte Cremes in schönen Gläsern werden bei deinen Gästen sicherlich einen guten Eindruck hinterlassen. Mit wenig Aufwand wirst du zum/zur Dessertkönig/-in.

Desserts

Nougat-Karamell-Haselnuss-Creme

Und auf einmal war alles pink und voller Konfetti. Ich weiß nicht, was mich dazu bewogen hat, kleine rosa Tannenbäumchen zu kaufen, und woher ich pinkfarbenes Konfetti habe, aber mir war einfach danach. Doch das Dessert kommt ganz ohne Pink aus und ist auch so der Knaller.

ZUTATEN FÜR 4 PORTIONEN

Für das Karamell

2 Blatt Gelatine

150 g Haselnusskerne ohne Haut

150 g Zucker

250 ml Wasser

½ TL Zimt

Für die Nugatschicht

100 g Nuss-Nougat

50 ml Sahne

1. Für das Karamell die Gelatine in einer Schüssel mit kaltem Wasser einweichen.
2. Nüsse in einer beschichteten Pfanne ohne Fett kurz rösten, dann mit Zucker bestreuen und langsam goldbraun karamellisieren. Ein paar Nüsse zum Garnieren zur Seite stellen.
3. Die restlichen Nüsse in der Pfanne mit dem Wasser ablöschen und den Karamell loskochen. Pfanne vom Herd nehmen.
4. Gelatine gut ausdrücken und im Karamell auflösen. Dann den Zimt unterrühren.
5. Masse auf 4 Dessertgläser verteilen und auskühlen lassen.
6. Für die Nougatschicht den Nougat grob hacken. Mit der Sahne in einem Topf erwärmen und schmelzen. Auf die Gläser verteilen.
7. Für die Creme 170 ml Sahne in einem Topf mit dem Vanillezucker vermischen und aufkochen lassen.

Für die Creme

400 ml Sahne
1 Pck. Vanillezucker
2 Eigelb
50 g Zucker
3 Blatt Gelatine
40 g Nuss-Nougat
2 TL Amaretto (optional)

8. Eigelb mit dem Zucker in eine hitzebeständige Schüssel geben und mit dem Handmixer schaumig aufschlagen.
9. Gelatine in einer Schüssel mit kaltem Wasser einweichen.
10. Die Schüssel mit der Eigelbmasse auf ein heißes Wasserbad setzen, die heiße Sahne untermischen und so lange rühren, bis die Masse andickt. Schüssel vom Wasserbad nehmen.
11. Nougat hacken. Gelatine gut ausdrücken und mit Nougat und Amaretto unterrühren, bis der Nougat sich vollständig aufgelöst hat.
12. Creme im Kühlschrank fest werden lassen.
13. Die restliche Sahne in einer Schüssel steif schlagen und unter die Creme heben. Masse auf die Nougatschicht in den Gläsern verteilen und mit den restlichen Haselnüssen garnieren.

Mousse au chocolat mit gebrannten Mandeln

ZUTATEN FÜR 4 PORTIONEN

Für die Mousse

100 g Zartbitterschokolade

3 Eiweiß

1 Prise Salz

5 EL Zucker

200 ml Sahne

2 Eigelb

Für das Topping

50 g Zartbitterschokolade

100 g gebrannte Mandeln

1. Zartbitterschokolade fein hacken, in eine hitzebeständige Schüssel geben und im warmen Wasserbad langsam schmelzen.
2. Eiweiß mit Salz in eine Schüssel geben und mit dem Handmixer steif schlagen, dabei 2 EL Zucker langsam einrieseln lassen.
3. Sahne in einer Schüssel steif schlagen.
4. Eigelb in einer weiteren Schüssel mit dem restlichen Zucker 5 Minuten cremig aufschlagen.
5. Geschmolzene Schokolade mit 3 EL geschlagener Sahne zur Eigelbmasse geben und unterrühren.
6. Restliche Sahne und Eischnee langsam unterheben, auf 4 Dessertgläser verteilen und für mindestens 4 Stunden in den Kühlschrank stellen.
7. Für das Topping die Schokolade in eine hitzebeständige Schüssel geben und im warmen Wasserbad schmelzen. Schüssel vom Wasserbad nehmen und die Hälfte der Mandeln mit der Schokolade überziehen. Mandeln auf ein Kuchengitter setzen und Schokolade fest werden lassen.
8. Alle Mandeln vor dem Servieren auf der Mousse verteilen.

Christstollen-Quark-Dessert

Jetzt mal ehrlich: Entweder hat man schon einmal selbst einen gekauft oder man bekommt ihn geschenkt – den verschweißten Christstollen aus dem Discounter. Schmecken tut er auf jeden Fall nicht. Aber … tadaaaaa … man kann ein richtig leckeres Dessert daraus machen. Resteverwertung de luxe.

ZUTATEN FÜR 4 PORTIONEN

- 200 g Christstollen
- 4 EL Rum
- 200 ml Sahne
- 1 Pck. Vanillezucker
- 50 g Zucker
- 50 g Rosinen oder Cranberrys
- 500 g Magerquark
- 50 g Mandelstifte

1. Christstollen zerbröseln und auf 4 Dessertgläser verteilen.
2. Jeweils 1 EL Rum darüberträufeln.
3. Sahne mit Vanillezucker und Zucker in eine Schüssel geben und mit dem Handmixer steif schlagen. Rosinen und Quark unterheben.
4. Creme auf die Gläser verteilen und mit Mandelstiften garnieren.

Lebkuchen-Trifle mit Gewürzmandarinen und Zimtcreme

Hach, es könnte das ganze Jahr über Weihnachten sein. Jedes Jahr aufs Neue fange ich schon ganz früh damit an, Desserts zu testen, um die perfekte Nachspeise für den Weihnachtsabend zu finden. Manche behaupten, dass ich das nur als Ausrede nutze, um leckere Desserts zu naschen … Aber wer das Kochen und Backen liebt, ist sicherlich auf meiner Seite und kann das gut nachvollziehen, denn schließlich will man ja zwischen Weihnachtsliedersingen und Bescherung etwas ganz Besonderes essen.

ZUTATEN FÜR 4 PORTIONEN

Für den Teig

- 6 Mandarinen
- 225 ml Prosecco
- 75 g Gelierzucker 3 : 1
- Saft von ½ Zitrone
- 2 TL Lebkuchengewürz
- 6 EL Honig
- 75 g Zucker
- 250 g Mascarpone
- 2 Eigelb
- 1 TL Zimt

1. Mandarinen schälen und in ihre Segmente zerteilen.
2. Prosecco mit den Mandarinen in einen Topf geben und aufkochen lassen. Gelierzucker, Zitronensaft, Lebkuchengewürz und 3 TL Honig hinzufügen und bei mittlerer Hitze ca. 10 Minuten einköcheln lassen. Dann vom Herd nehmen und abkühlen lassen.
3. Für die Zimtcreme Zucker, Mascarpone und Eigelb in einer Schüssel mit dem Handmixer aufschlagen. Restlichen Honig und Zimt unterheben und 20 Minuten kalt stellen.
4. Lebkuchen in kleine Stücke brechen und auf 4 Dessertgläser verteilen. Jeweils mit 1 EL Rum daraufträufeln.

8 Lebkuchen mit Schokoladenglasur

4 EL Rum

Für die Garnitur

200 ml Sahne

Mini-Kekse (optional)

5. Abwechselnd Gewürzmandarinen und Zimtcreme einschichten.

6. Für die Garnitur die Sahne in einer Schüssel steif schlagen und auf die Gläser verteilen. Nach Belieben mit Mini-Keksen dekorieren.

Karamelläpfel auf Spekulatiuscreme

So liebe ich Desserts: im Glas und mit einer leckeren Creme. Und die Karamelläpfel sind einfach so lecker, dass ich die meisten sofort aus dem Topf löffle.

ZUTATEN FÜR 4 PORTIONEN

Für das Topping

100 g gemischte Nüsse

60 g Zucker

½ TL Zimt

50 ml Wasser

Für die Äpfel

5 Äpfel

60 g Zucker

50 g Butter

100 ml Sahne

Für die Creme

200 ml Sahne

50 g Zucker

1 Pck. Vanillezucker

½ TL Spekulatiusgewürz

400 g Mascarpone

abgeriebene Schale von ½ Bio-Orange

1. Für das Topping Nüsse, Zucker, Zimt und Wasser in einer Pfanne aufkochen lassen. Dann Hitze reduzieren und weiterköcheln lassen, bis das Wasser verdampft ist. Nüsse unter Rühren leicht karamellisieren lassen. Auf ein Backpapier legen, auskühlen lassen und dann grob hacken.
2. Die Äpfel schälen, entkernen und würfeln.
3. Den Zucker in einem Topf bei mittlerer Hitze schmelzen. Apfelwürfel zugeben und köcheln lassen, bis der Zucker sich ganz aufgelöst hat, Dann Butter und Sahne unterrühren und Mischung abkühlen lassen.
4. Für die Creme Sahne, Zucker, Vanillezucker und Spekulatiusgewürz in eine Schüssel geben und mit dem Handmixer steif schlagen.
5. Mascarpone und Orangenschale unterrühren.
6. Creme in einen Spritzbeutel füllen und 1 Schicht in 4 Dessertgläser spritzen. Karamelläpfel darauf verteilen und 1 weitere Cremeschicht aufspritzen.
7. Mit den gehackten Nüssen garnieren.

Schnelles Vanille-Lemon-Dessert

Das perfekte Dessert für die Weihnachtstage, zwischen den Feiertagen und/oder zu Silvester.

Jetzt gibt es eine Geschmacksexplosion aus süß-sauren Zitronen, Vanille und Joghurt.

ZUTATEN FÜR 4 PORTIONEN

- 320 g Lemon Curd
- 200 ml Sahne
- 1 Pck. Vanillezucker
- 400 g Vanillejoghurt
- abgeriebene Schale von 1 Bio-Zitrone
- ca. 20 g Honig

1. Lemon Curd aus dem Glas nehmen und in einer Schüssel cremig rühren.
2. Sahne mit dem Vanillezucker in eine Schüssel geben und mit dem Handmixer steif schlagen.
3. Vanillejoghurt in eine weitere Schüssel füllen und Sahne sowie Zitronenschale unterheben. Je nach Geschmack mit Honig süßen.
4. Joghurtcreme und Lemon Curd abwechselnd in 4 Dessertgläser schichten.

Weihnachtsfeiern, Geschenkeinkäufe, Weihnachtsmarktbesuche ... Die Vorweihnachtszeit kann manchmal ganz schön hektisch sein. Umso wichtiger ist es, einfach mal zur Ruhe zu kommen und die Seele baumeln zu lassen. Dazu gehört auch, sich etwas zu gönnen und nur mal für sich zu sein. Augen zu, Mund auf ... Und genießen.

HIGHLIGHTS FÜR DEINE *Quality Time*

Weihnachtsbuchteln mit Vanillesoße

Warme Buchteln, gefüllt mit Rum-Rosinen und Mandeln, und als Krönung eine warme Vanillesoße. Du kannst dir vorstellen, dass ich immer mehr als eine Buchtel esse, oder? Und dabei mache ich sowieso schon XXL-Buchteln …

ZUTATEN FÜR 9–12 STÜCK

Für den Teig

250 ml Milch

30 g frische Hefe

1 EL plus 100 g Zucker

2 EL plus 500 g Mehl plus mehr für die Arbeitsfläche

¼ TL Salz

100 g Butter

2 Eier

1 TL Vanilleextrakt

Für die Füllung

50 g Mandeln

50 g Rosinen

50 g Cranberrys

50 ml Rum

1 TL Zimt

1. Milch in einem Topf lauwarm erwärmen (nicht über 40 °C), in eine Schüssel gießen, Hefe und 1 EL Zucker zugeben und die Hefe unter Rühren auflösen. 2 EL Mehl zugeben und Vorteig abgedeckt 5 Minuten ruhen lassen.
2. Die restlichen Zutaten für den Teig und den Vorteig in einer Küchenmaschine 10 Minuten zu einem geschmeidigen Teig verkneten. Teig abgedeckt 1 Stunde gehen lassen.
3. Teig auf einer bemehlten Arbeitsfläche ausrollen und je nach gewünschter Größe in 9–12 Quadrate schneiden.
4. Mandeln, Rosinen, Cranberrys, Rum und Zimt in einer Schüssel verrühren.
5. Auf jedes Quadrat mittig 1 EL Füllung setzen, die Seiten jeweils hochklappen und Teig zu Kugeln formen.
6. Kugeln mit der geschlossenen Seite nach unten auf ein mit Backpapier ausgelegtes Backblech oder in eine gefettete Auflaufform legen. Ein wenig Platz zwischen den Buchteln lassen, da diese noch aufgehen. Erneut 30 Minuten gehen lassen. ▶

Außerdem

50 g Butter zum Bestreichen

Für die Vanillesoße

500 ml Milch

Mark von 1 Vanilleschote

6 Eigelb

200 g Zucker

30 g Mehl plus mehr für die Arbeitsfläche

2 TL Speisestärke

1 TL Butter

7. Backofen auf 180 °C Ober-/Unterhitze vorheizen.
8. Die Butter zum Bestreichen in einem Topf schmelzen und die Buchteln damit einpinseln.
9. Buchteln 25 Minuten im Ofen backen.
10. In der Zwischenzeit die Soße vorbereiten. Dazu Milch und Vanillemark in einen Topf geben und erhitzen.
11. Eigelb, Zucker, Mehl und Speisestärke in einer Schüssel mit dem Handmixer aufschlagen.
12. Die warme Milch unter Rühren zur Eigelbmasse geben.
13. Alles wieder in den Topf füllen und unter ständigem Rühren kurz aufkochen lassen, bis die Masse etwas eindickt. Zum Schluss die Butter einrühren.

Maple Pecan Latte

ZUTATEN FÜR 1 PORTION

50 ml Sahne

200 ml Milch

1 frisch gebrühter Espresso

3 EL Ahorn-Pekannuss-Sirup

2 Pekannüsse zum Garnieren

1. Die Sahne in einer Schüssel mit dem Handmixer steif schlagen.
2. Milch in einem Topf erwärmen und mit dem Schneebesen schaumig schlagen.
3. Espresso in einem großen Glas mit dem Sirup verrühren, dann die Milch zugießen.
4. Pekannüsse grob hacken.
5. Latte mit Schlagsahne und gehackten Pekannüssen bestreuen.

Du kannst den Ahorn-Pekannuss-Sirup ganz schnell selbst machen.

AHORN-PEKANNUSS-SIRUP

ZUTATEN FÜR CA. 300 ML

200 g Pekannüsse

125 ml Ahornsirup

50 g brauner Zucker

125 ml Sahne

2 TL Vanilleextrakt

1 EL Butter

2 EL Kondensmilch

1 Prise Salz

1. Die Pekannüsse in einer Pfanne ohne Fett rösten, auskühlen lassen und in einem Hochleistungsmixer zu Butter pürieren.
2. Ahornsirup, Zucker, Sahne, Vanille und Pekannussbutter in einem Topf vermischen und unter Rühren köcheln lassen, bis sich der Zucker vollständig aufgelöst hat. Dann weitere 4 Minuten köcheln lassen, bis ein Sirup entsteht.
3. Butter, Kondensmilch und Salz unterrühren. Fertig.

Schokoladen-Kardamom-Karamell-Pull-Apart-Brot

Ein frisches Hefe-Zupfbrot ist an sich ja schon eine richtig leckere Angelegenheit, aber wenn noch Karamell und Schokolade im Teig sind … ein Hammer. Dieses »Brot« ist leicht, weich, extra süß und so gut. Am besten schmeckt es frisch aus dem Ofen, wenn es noch klebrig und warm ist. Dann zergeht es auf der Zunge … Das macht dir den Weihnachtsmorgen zu etwas ganz Besonderem.

ZUTATEN FÜR 1 KASTENFORM (23 X 13 CM)

300 ml Milch

1 Pck. Trockenhefe

2 TL brauner Zucker

450 g Mehl plus mehr für die Form

1 TL Salz

8 gemahlene Kardamomkapseln,

1 Ei

100 g Zartbitterschokolade

1. Milch in einem Topf lauwarm erwärmen.
2. Hefe, Zucker, Mehl, Salz und Kardamom in einer Schüssel vermengen.
3. Milch und Ei zugeben und mit dem Handmixer unterrühren. 10 Minuten zu einem Teig verkneten.
4. Teig abgedeckt an einem warmen Ort 1 Stunde gehen lassen.
5. Die Schokolade fein hacken.
6. Die Kastenform etwas einfetten und bemehlen.
7. Teig nochmals durchkneten und walnussgroße Bällchen daraus formen.

Fett für die Form

1 Dose gezuckerte Kondensmilch Karamell (ca. 400 g)

8. Teigbällchen auf den Boden der Kastenform setzen (etwas Platz zwischen den Bällchen lassen, damit sie noch aufgehen können) und etwas Kondensmilch Karamell und Schokolade darauf verteilen, Vorgang wiederholen, bis alle Teigbällchen in der Form sind. Mit einer Schicht Karamell und Schokolade abschließen.
9. Form mit Klarsichtfolie bedecken und Teig nochmals 30 Minuten ruhen lassen.
10. Backofen auf 180 °C Ober-/Unterhitze vorheizen.
11. Brot 45 Minuten im Ofen backen, dabei nach etwa 30 Minuten mit Alufolie abdecken, damit die Oberfläche nicht zu dunkel wird.

Lebkuchen-Shake

In der Weihnachtswoche steht ja schon alles fest. Wir haben Kekse gebacken, wissen, was zum Fest auf den Tisch kommt und dass wir am 1. Weihnachtstag seufzen werden, dass noch so viel übrig ist. Ich habe immer Lebkuchen übrig. Wirklich immer. Doch seit ich mir dieses Rezept ausgedacht habe, freue ich mich richtig darüber.

ZUTATEN FÜR 1 PORTION

400 ml Milch
5 Lebkuchen
2 Kugeln Vanilleeis
50 g geschlagene Sahne
Schokoladensoße

1. Milch, Lebkuchen und Vanilleeis in einen Mixer geben und pürieren.
2. Shake in ein Glas füllen und mit Sahne und Schokoladensoße garnieren.

Zimtsterne-Kaiserschmarrn

Da würde selbst Kaiser Franz Josef I. zugreifen: ein Kaiserschmarrn … nein, eher ein Zimtstern in Schmarrnform. Mit einer dicken Glasur. So lecker.

ZUTATEN FÜR 2 PORTIONEN

Für den Teig

3 Eier

100 g Puderzucker

150 ml Buttermilch

150 g Mehl

½ Pck. Backpulver

1 TL Zimt

100 g gemahlene Mandeln

2 EL Butter

Für die Glasur

2 TL Sahne oder Rum

100 g Puderzucker

1. Backofen auf 180 °C Ober-/Unterhitze vorheizen.
2. Die Eier trennen, das Eiweiß mit dem Puderzucker in eine Schüssel geben und mit dem Handmixer steif schlagen.
3. Eigelbe, Buttermilch, Mehl, Backpulver und Zimt in einer weiteren Schüssel verrühren.
4. Mandeln und Eischnee unterheben.
5. Butter in einer ofenfesten Pfanne schmelzen, den Teig hineingießen und bei mittlerer Hitze 3 Minuten anbacken, dann im Backofen in 12 Minuten fertig backen.
6. Sahne und Puderzucker in einer kleinen Schüssel zu einer dicken Glasur verrühren.
7. Schmarrn aus dem Ofen holen, auf einen Teller stürzen, in Stücke teilen und mit der Glasur beträufeln.

Eierlikör-Brotaufstrich

ZUTATEN FÜR 2 GLÄSER (À 200 ML)

- 100 g Butter
- 200 g weiße Schokolade
- 100 ml Eierlikör, Zimmertemperatur
- 1 TL Vanillekonzentrat
- 1 Prise Salz
- ½ TL Zimt

1. Butter in einem Topf schmelzen und köcheln lassen, bis sie zu bräunen beginnt. Durch ein Sieb in eine Schüssel abseihen und abkühlen lassen.
2. Schokolade grob hacken, in eine hitzebeständige Schüssel geben und im heißen Wasserbad schmelzen. Schüssel vom Wasserbad nehmen und Butter nach und nach unterrühren.
3. Eierlikör untermischen. Dann Vanille, Salz und Zimt zugeben.
4. Masse in luftdicht verschließbare Gläser füllen und kalt stellen.

Meine drei Lieblingssoßcen – Karamell, Schoko und Dulce de leche

Es wurde mal Zeit, die Rezepte meiner drei Lieblingssoßen aufzuschreiben, denn die »Fantastischen 3« sind für mich fast ein Grundnahrungsmittel geworden, die jeden Kuchen, jeden Pudding, jede Torte oder jedes Eis einfach noch viel besser machen. Aber auch mit Brot, Brötchen und Croissants ein Traum. Es gibt also 1000 Gründe, die »Fanta 3« immer auf Vorrat zu haben.

Am besten alle drei Soßen auf den Tisch stellen, so kann sich jeder sein Dessert nach Belieben aufpimpen.

Karamellsoße

ZUTATEN FÜR 1 GLAS (À 350 ML)

150 g Zucker
3 EL Wasser
150 ml Sahne
50 g Butter
1 Prise Meersalz

1. Zucker und Wasser in eine Pfanne geben und unter Rühren langsam karamellisieren lassen.
2. Sahne zugießen und 5 Minuten köcheln lassen, bis sich der Zucker vollständig aufgelöst hat.
3. Pfanne vom Herd nehmen und Butter und Salz einrühren.

Schokoladensoße

ZUTATEN FÜR 1 GLAS (À 400 ML)

180 g Zartbitter-kuvertüre
200 ml Wasser
2 EL Zucker
1 Pck. Vanillezucker
3 EL Backkakao

1. Kuvertüre hacken.
2. Wasser, Zucker, Vanillezucker und Kakao in einen Topf geben, verrühren und aufkochen lassen.
3. Topf vom Herd nehmen und Kuvertüre einrühren, bis sie sich vollständig aufgelöst hat.

Dulce de leche

ZUTATEN FÜR 1 GLAS (À 400 ML)

1 Dose gezuckerte Kondensmilch (400 g, z. B. Milchmädchen)

1. Dose in einen Topf stellen, so viel Wasser zugießen, dass sie mit Wasser bedeckt ist. Einen Deckel auflegen und Kondensmilch 2½ Stunden köcheln lassen. Dabei stets Wasser nachgießen, sodass die Dose immer mit Wasser bedeckt ist.
2. Dose vorsichtig aus dem Wasser nehmen und vor dem Öffnen vollständig auskühlen lassen.

KARAMELL
SCHOKO
DULCE
DE
LECHE

Rezeptregister

Zutatenregister

P

Q

R

S

T

V

W

Z

Weihnachten ist ein Gefühl

208 Seiten
22,00 € (D) | 22,70 € (A)
ISBN 978-3-7423-1891-6

Patrick Rosenthal

Christmas is a feeling

Weihnachtliche Rezepte und Geschichten für die schönste Zeit im Jahr

Kerzenlicht, der geschmückte Weihnachtsbaum und verführerische Düfte aus der Küche – das verbinden die meisten Menschen mit Weihnachten. Aber vor allem ist es das Beisammensein mit den Liebsten, was dieses Fest so besonders macht. Und was braucht man, wenn viele Leute gemeinsam an einem Tisch sitzen? Richtig: gutes Essen und noch bessere Drinks! Ob ein klassisches Menü mit Rouladen und Rotkohl oder die vegetarische Alternative mit Pasta im Hauptgang, süße Klassiker wie Lebkuchen und Christstollen oder internationale Rezepte wie Casadiella aus Spanien oder Serinakaker aus Norwegen, hier findet man alles von traditionell bis außergewöhnlich. Wärmende Getränke wie Lebkuchen-Tee-Latte und weißer Glühwein, festliche Aperitifs und Digestifs runden den Abend perfekt ab. Tipps für ein ruhiges Weihnachtsfest und Anleitungen für selbst gemachte Weihnachtsgeschenke machen die schönste Zeit des Jahres auch zur entspanntesten Zeit des Jahres.

riva

Bibliografische Information der Deutschen Nationalbibliothek
Die Deutsche Nationalbibliothek verzeichnet diese Publikation in der Deutschen Nationalbibliografie. Detaillierte bibliografische Daten sind im Internet über http://dnb.d-nb.de abrufbar.

Für Fragen und Anregungen
info@rivaverlag.de

Wichtiger Hinweis
Ausschließlich zum Zweck der besseren Lesbarkeit wurde auf eine genderspezifische Schreibweise sowie eine Mehrfachbezeichnung verzichtet. Alle personenbezogenen Bezeichnungen sind somit geschlechtsneutral zu verstehen.

Originalausgabe
1. Auflage 2022

Türkenstraße 89
80799 München
Tel.: 089 651285-0
Fax: 089 652096

Redaktion: Caroline Kazianka
Umschlaggestaltung: Isabella Dorsch
Umschlagabbildungen und Abbildungen Innenteil: Patrick Rosenthal
Satz: Satzwerk Huber
Druck: Firmengruppe APPL, aprinta Druck, Wemding
Printed in Germany

ISBN Print 978-3-7423-2160-2
ISBN E-Book (PDF) 978-3-7453-1931-6
ISBN E-Book (EPUB, Mobi) 978-3-7453-1932-3

Wir produzieren nachhaltig
www.m-vg.de

Weitere Informationen zum Verlag findest du unter
www.rivaverlag.de
Beachte auch unsere weiteren Verlage unter www.m-vg.de